戸田久実 著
葛城かえで シナリオ制作
柾 朱鷺 作画

マンガでやさしくわかる アンガーマネジメント

Anger Management

日本能率協会マネジメントセンター

はじめに

「なんでこんなにイライラするのだろう。なんとかしたい！」

「怒ってばかりいる自分が嫌になる」

「つい感情的になり、人間関係がこじれてしまった」

「怒ることは悪いことだと思い、抑えていたら苦しくなった」

「怒ってばかりいる相手に対してどうしたらいい？」


ここ数年、研修や講演の場で、「怒り」についてさまざまな相談を受けることが多くなりました。また、人々の価値観が多様化し、自分にとっては当たり前だと思っていたことが通用せず、「ここまで言わなくてはいけないの？」または、「えっ？　こんなこと言われるの？」と戸惑う声を耳にすることも少なくありません。

こんなふうに、「怒り」をどう扱ったらいいか、どう表現したらいいのか、価値観の相違にどう対応したらいいのかと悩みをお持ちのみなさんにぜひおすすめしたいのが、アンガーマネジメントです。

アンガーマネジメントとは「怒り」とうまく付き合うための心理トレーニングです。その考え方、スキルを身につけることができれば、「怒り」に振り回されることもなければ、自分や相手を責めることもなく、心身共に健やかに生きることができるのです。

かくいう私自身も、じつは、これまで何度となく「怒り」に振り回されてきた一人です。仕事と家庭・子育てとの両立や、離婚などのストレス、思い通りならないことへの怒りで、つい人に感情的に当たってしまったこともありました。そんな自分を責めてさらにイライラするという悪循環も経験したことがあります。

だからこそ、アンガーマネジメントの必要性が身にしみてわかり、その考え方やスキルを一人でも多くの方にお伝えしたいと思うようになったのです。

研修を受講してくださった方から、「私達が幸せに、健康的に生きるためには必要なものだと思います」という感想をいただくたびに、さらに多くの方にアンガーマネジメントの素晴らしさを伝えたいと気持ちを新たにしています。

そんな思いを出発点として生まれたのが、みなさんがいま手にしている『マンガでやさしくわかるアンガーマネジメント』です。

マンガのパートに登場する主人公のしおりがアンガーマネジメントと出会って成長して

いくストーリーを追うことで、アンガーマネジメントのエッセンスだけでなく、「怒り」を上手に表現する方法までが学べるしかけになっています。

怒りは私達人間にとっては自然な感情です。うまく付き合うこともできますし、さらに行動を起こすモチベーションとして生かすこともできます。

自分の感情と行動は自分で選ぶことができるのです。

みなさんも、しおりと共に、アンガーマネジメントを身につけ、さらに「伝え上手」になりませんか？

２０１６年５月

戸田　久実

マンガでやさしくわかるアンガーマネジメント　目次

Prologue

アンガーマネジメントとは

Part 1

怒りが生まれるメカニズム

やっぱり君には荷が重かったのかもしれない もし次同じようなことがあれば君にはリーダーを降りてもらう
え…

Part 2

心の器を大きくして怒りをコントロールする

私の怒りの
ツボが
見えてきた!

そんなことじゃ
誰も認めてくれないよ
止まらない
私達は
人を救う仕事を
やってるの！

アンガーログを
見ると
ルールに反する
ことに
異常に反応している

Part 3

怒りを上手に伝える

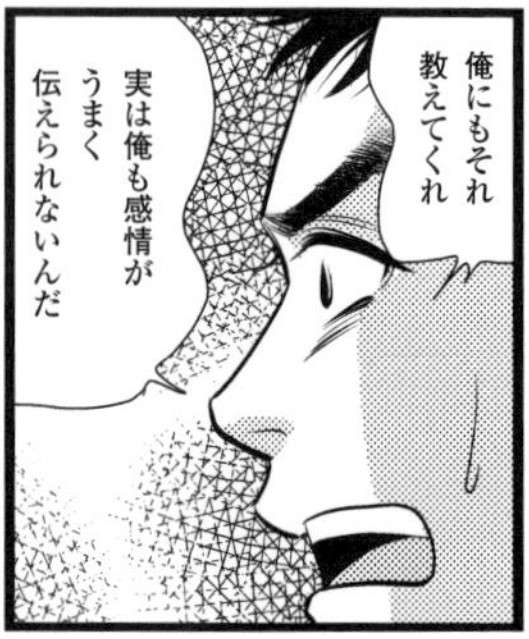
俺にもそれ
教えてくれ
実は俺も感情が
うまく
伝えられないんだ

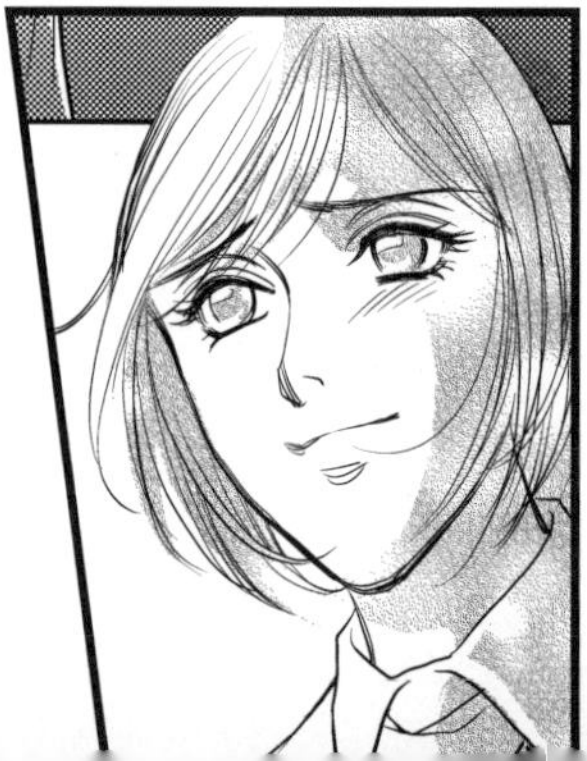

Prologue

アンガーマネジメントとは

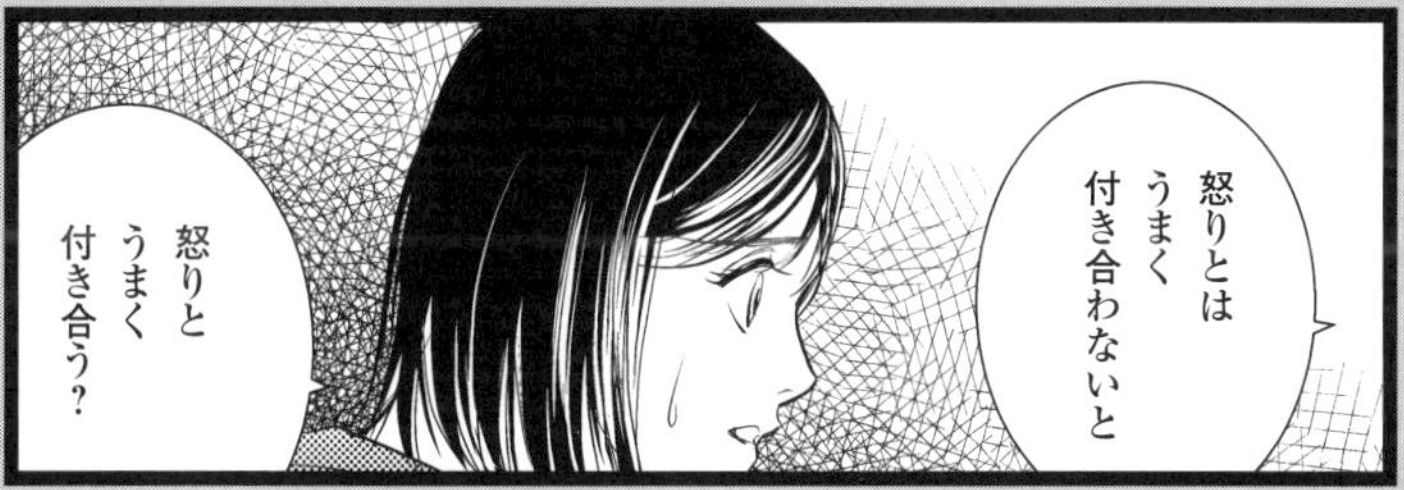

Story 0
5億円と3人のメンバーを預けられて
鶴川信用金庫
ええええ!?
ワイ ワイ
ザワ
私が…プロジェクトリーダーですか…
若竹《わかたけ》しおり（28）
これからは女性の時代って言われているだろ
ウチでも女性の活躍推進をすることになってね

は…はぁ
な…何その理由…
イラ
地域活性化する企画を立てなさい 投資金額は5億円用意している
え
ご…5億!?
ひぇえええええ 5億円なんて使い切れないよぉ!
君の仕事っぷりを評価して私が推薦したんだ
いつもニコニコしてて成績もいいし
ネコかぶってるだけですけど…!
誰もが嫌がる仕事も率先してやってくれるし
ぐっ
断ることができないだけです…
とにかく頼んだよ!
びしっ
私の意思は…
チームのメンバーももう揃えてあるから
へ…?
会議室

もう私ったらおっちょこちょいでしょ？だからお客様がてっきり振り込め詐欺にあってると思っちゃって無理矢理止めちゃったのよ
そしたら信金中大騒ぎになっちゃって！
富士美和子《ふじみわこ》(51歳)
松井《まつい》　豊《ゆたか》(28歳)
ねぇ
今日美容院予約してんのよ早く終わらせてよ
鷹見《たかみ》　梨花《りか》(26歳)
それにしても松井くんがリーダーじゃないなんて意外ねぇ！
遺憾です
あそこなかなか予約取れないのよねぇ
み…みなさんよろしくお願いします…
さっそくですが5億円の使い途なんですが…
！
そろそろ帰らなくちゃ
え…!?
…まだ始まったばかりですけど
ガタ

今日は顔合わせということでいいでしょ♪
じゃあね
ガタ
ちょっと困ります!!
バタン
私も時間ないから帰るね
ガタ
えっ!
……
……
バタン
2人でやっても仕方ないな
ガタ
そんなっ
何?
なんかやんのか?
いや…
鶴川信用金庫

ただいま…
ガラ…
はあああぁ…
おいっ
お客さんに挨拶くらいしろよ！
梅原さんいらっしゃい…
バタン
荒れてますね
愛想なくてすみません
カミさんを早くに亡くして男手ひとつで育てたもんだから気性が荒くて
そんなことないですよ
町内でも気立てがいいって評判ですよ
ははは それじゃあ内と外じゃあ別人なんですかね
梅原《うめはら》 健士《けんじ》(42歳)

仕事しろっ！
失敗自慢
してる暇があれば
手を動かせっ！
リーダーに
なれないのは
私のせいじゃないし
美容院の時間など
知らんわっ！
ドタ
バタン
やっぱり
荒れてますね
すみません…
サービス
です
ハァ
ハァ…
とは言え
会議がまとまらないのは
リーダーとして
しっかりできていない
私のせいよね
ちゃんと企画書を
作っていかないと
鶴川信用金庫
それでは
第2回会議を
始めたいと思います
今回はいくつか
企画を作って
きました
いかがでしょうか？

あらやだ
この企画
10年前もやったわよね
え
結果的に不良債権に
なっちゃって
もう大変だったのよ
そ…
そうなんですか…
それじゃあ
2枚目の企画は…
これもダメだな
ライバルの
北南信用金庫も
同じことやっているよ
そんなことも知らないのか
それじゃあ…
最後の…
本気でこんなこと
する気?
ベンチャーだからって
こんな高い金利じゃ
借りてくれないよ
考えたら
わかるじゃん
ウケる

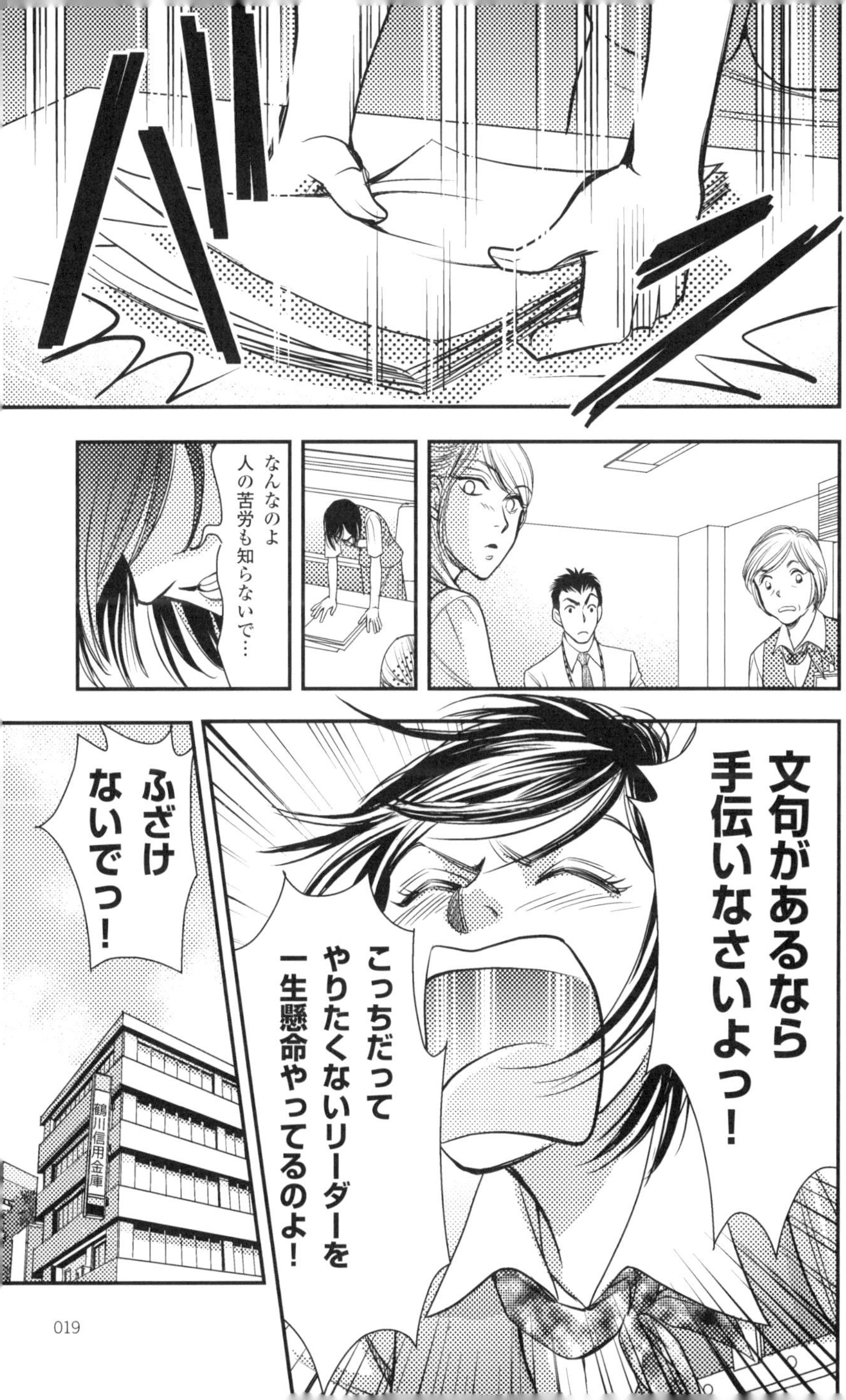
なんなのよ
人の苦労も知らないで…
文句があるなら
手伝いなさいよっ!
こっちだって
やりたくないリーダーを
一生懸命やってるのよ!
ふざけ
ないでっ!
鶴川信用金庫

日曜日
竹寿庵
そば処
竹寿庵
バシャ
バシャ
最悪……
どうしてあんなこと言っちゃったんだろ…
これまでは優等生のフリして目立たないように仕事してたのに…
明日からどんな顔して行けばいいのよ
もう辞めたいっ!
バシャ
わ!
あっ
つめたい
す…すみません…
大丈夫!大丈夫!
あ…梅原さん
他の人にかからなくてよかったね

ゴシゴシ
すみません ボーと しちゃってて
暑かったから ちょうど良かったよ
梅原さんって 優しいですよね 子どもの頃から 怒った姿見たことない
それに比べて 私は……
どうしたの？
この前も 不機嫌だったし
じつは…
そば処
ってことが あったんです
なるほど
なるべく会社では 怒りの感情を 抑えていたのに…
リーダーなんて なるんじゃなかった
怒りは人間にとって 自然な感情なんだから 無理に抑えることは ないよ
けど……

怒りとはうまく付き合わないと
怒りとうまく付き合う?
つまりアンガーマネジメントさ
へ
1970年代にアメリカで開発された怒りの感情をマネジメントつまり上手に付き合うための心理トレーニングのこと
アンガーマネジメントってなんですか?
知らない?
怒

そんなのがあるんですか？初めて聞いた
タオルありがと
僕はコンサルタントをやっているんだけど最近ではよくレクチャーを頼まれるよ
……
…そのアンガーマネジメントを学べば
梅原さんみたいに怒らない人になれるんですか？
ギュ…
え…？僕みたいに？
お願いします！
ぜひ私にアンガーマネジメントを教えてください!!
まいったなぁ…
僕みたいになるかどうかは別としてアンガーマネジメントはリーダーにとって必要なスキルだし教えてあげるのはいいけど
ありがとうございます
僕も忙しいから
21日で自分の感情と上手に付き合えるようにしてあげるよ
たった21日で…!?

怒りとは どんなもの？

01

「怒り」はごく自然な感情

会社の方針で、いきなりプロジェクトのリーダーを任されたしおりですが、最初から苦労している様子ですね。メンバーの顔ぶれは個性豊かで、なかなかしおりの思うようにはことが進みそうにありません。初めはがまんしていたものの、とうとう怒りのあまり、メンバーに向かって暴言を吐いてしまいます。

しおりのように、思い通りにならず「なんで⁉」とムカッとする、気にしていることを言われてカチンとする。思っていた以上に待たされてイライラする、する、思い通りに行動できない自分に対してムシャクシャする、不公平な扱いをされて「これはおかしい！」と頭にくる、ひどいことをされて「許せない！」と頭に血が上るようなほどの怒りがこみ上げてきた……。

みなさんにも、ひとつくらい思い当たることがあるはずです。

こういった「怒り」は防衛感情、身を守るための感情とも言われています。

人間は、心と身体の安心・安全が脅かされそうになった時（身の危険にさらされたり、傷つけられそうになった時）に怒りが生まれ、その怒りをもって身を守ろうとします。**つまり、嬉しい、楽しいなどの他の感情と同じく、人間にとっては必要な感情です。**

一方、他の感情と比べると扱いづらいため、ネガティブな印象が強いのも事実です。

実際に怒りで失敗した経験があったり、怒りをぶつけられて嫌な思いをしたことがあるだけでなく、「怒るのはみっともないこと」と言われて育ったために、怒りは悪いものだと思い込み、しっかり目を向けてこなかった人も多いのではないでしょうか？　じつは、こうやって怒りを抑え込みフタをし、しっかりと向き合わないことが、余計に怒りを扱いづらくするのです。

一般的にネガティブな印象のつきまとう「怒り」ですが、その感情自体は悪いものではありません。そもそも感情に、良い、悪いという分け方はありません。大切なのは振り回されず、上手に付き合うこと。それは、あなたでも必ずできることです。怒っている自分を否定せず、受け入れることから始めてみましょう。

02 怒りをうまく扱えないと損をする

怒り自体は悪いものではありませんが、他の感情と比較すると強い感情のため、うまく扱うことができないと、仕事やプライベートで欠かせない周囲とのコミュニケーションにさまざまな不具合が起きてしまいます。ストーリーでも、しおりが怒りを爆発させたことでメンバーとの関係はますます難しくなりそうです。

このままだと、プロジェクトの雲行きも怪しくなってくることでしょう。

ここでは、怒りを〝野放し〟にしていると、一体どんなことがあるのか、一緒に考えてみましょう。

⇩人間関係を壊す

「バカじゃないの!?」「ほんとうに最低な人!」

カッとしてつい出てしまった暴言がきっかけで言い合いになり、ケンカをしてしまった。または、相手を傷つけ、それから疎遠になってしまった……。こんなふうに、感情的になって、自分の周囲の人間関係を壊してしまったことや、後味の悪い思いをしたことはありませんか？

怒りは身近な人にほど強くなるという傾向があります。そのため、怒りまかせの行動や言動によって大切な人との関係を壊してしまったという話をよく耳にします。また、お店でクレームを言う時についカッとなって感情的な言い方をして、それ以降、その店に足を運びづらくなってしまったケースもあります。

チェックがついたら黄色信号！

□感情的になって、相手をやり込めたり、傷つけるようなことを言ってしまったことがある。
□つい本心とは違うことを言ってしまうことがある。
□人にやつ当たりをして、嫌な思いをさせてしまったことがある。

⇩仕事に支障をきたす

職場で怒りがコントロールできなかった場合を考えてみましょう。

部下に対してミスを注意しているつもりがパワハラ問題へと発展してしまったり、取引

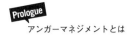

先からの感情的なクレームにカッとなって言い返して、さらに怒らせて取引が停止するような問題に発展することも考えられます。理不尽なことばかり言ってくる上司に対して、部下が「そんなことできる訳ないじゃないですか！」とキレるケースもあるでしょう。

このように、怒りは仕事上の人間関係に支障をきたすだけではなく、仕事上の信頼や利益まで損なってしまうことも少なくありません。

日本アンガーマネジメント協会の調査では、約9割の人が職場で怒りを感じたことがあると回答しています。プライベートと違って、比較的冷静さが求められるビジネスの場でも怒りによる問題を経験している人は多いのです。

また、イライラしている人は、周りから面倒な人、厄介な人だと思われて、プライベートや仕事で関わる人達を萎縮させたり、相手から近づきたくないと思われる可能性もあります。

まともにプロジェクトに取り組もうとしないメンバーに対して怒りをぶちまけてしまったしおり。

チェックがついたら黄色信号!

□冷静な判断ができなくなることがある。
□お客さまからのクレームに対し、感情的な対応をして大問題に発展してしまったことがある。
□職場で感情的な対応をして、人間関係や評価に悪い影響が出たことがある。
□イライラすると仕事が手につかず、ささいなミスをしてしまう。
□嫌いな上司からの依頼や指示された仕事に対してやる気が起きず、仕事の結果が出せない。

⇩溜め込んで激しい怒りに変わる

「なぜ、私がお願いしたことをすぐにやってくれないの?」

「その言葉、気になるな。それは言わないでほしい……」

「なぜ私にばかり仕事を頼むの!? 他の人だって手が空いているのに」

こんなふうに本当は怒りの気持ちを感じているのに、それを見たり気づいたりしないよ

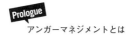

うにする人がいます。周囲との関係や場の雰囲気を壊したくないと考えたり、怒るのはみっともない、大人気ないと言われて育った過去が影響したりしているようです。

その場ではおさめたつもりでも、溜め込んだ怒りはしこりとなって残り、次第に激しい怒りに育っていくことが多いもの。それを抱えきれなくなった時、心の中の風船が爆発します。そして、キレて他人に攻撃の矛先が向くのです。「なんで私がこんな思いをしなくてはいけないんだ。みんな相手のせい、状況のせい」といった具合に。

逆に、「怒りを押さえ込んでいる自分」が嫌いになって、怒りを感じる自分を責めたり、感情的な自分を後悔したり、罪悪感を持ったりして、だんだんと自分に自信が持てなくなる、つまり、自己肯定感が損なわれてしまう人もいます。

チェックがついたら黄色信号！

- □嫌なことがあってもはっきり言わずに心の中で自分や相手を責めるが、そんなうじうじした自分も嫌になる。
- □溜め込んだ怒りが爆発し、感情的にキレた結果、どんなに怒っていたかを相手にぶつけて相手との関係が修復不可能になったことがある。
- □「ぶちギレ」て暴言を吐き、後悔することがある。

□気になることや嫌なことを相手に言い出せず、モヤモヤした気持になるのに加え、「なぜこんなささいなことに悩むのか」と自分に自信が持てなくなることがある。

⇩身体に悪い影響を及ぼす

怒りを感じると、筋肉は緊張し、心拍も血圧も上がります。

そのため、怒りっぽい人は、心臓疾患、高血圧症になりやすいと言われています。

また、イライラすると自律神経のバランスが崩れて血行不良となるため、肌がくすんだりシワやシミが出たりと老化しやすくなったり、便秘にもなりやすくなります。

怒りをうまく扱えるようになることは、心身ともに健康を保ち、よい人間関係を築き、自信を持つことに、さらには自分がのぞむ人生を手に入れることにもつながるのです。


チェックがついたら黄色信号!
□胃や身体に慢性的な痛みを感じる。

怒りの４つの性質

03

怒りについてもう少し丁寧に見ていきましょう。怒りには下記のような４つの性質があると言われています。

⇩ 1．怒りは高いところから低いところへ流れる

上司から部下へ、親から子へ、客からお店の人へなどと、怒りは高いところから低いところへ流れる、言い換えれば、**力の強いところから弱いところへ流れるという性質があります**。

上司から部下へ怒りが流れるケースは想像しやすいと思いますが、逆のケースもあります。例えば以前、異動してきたばかりの新任課長に対して、そのすぐ下の立場のベテラン社員が逆パワハラをするケースを耳にしたことがあります。すでにその部署で人間関係を築いていて仕事の知識もある部下が、ことあるごとに〝新参者〟の課長に対して「こんなことも知らないんですか？　しっかりしてください」「前の課長だったら、そんなことを僕達に頼みませんでしたよ！」などと嫌味まじりに怒りをぶつけるというのです。これ

は、職位とは関係なく、知識や情報を持っている「上の立場」の人から怒りが流れた結果でしょう。

また、流れるだけではなく、それはさらに低いところへと連鎖していくのが特徴です。つまり、上の立場の人からぶつけられた怒りは、そのままぶつけ返されるのではなく、自分よりも下の人に、怒りをぶつけやすい人へと向けられるという、「負の連鎖」が起きるのです。例えば、上司の部長から怒りをぶつけられた課長はさらに自分の部下に、親から怒られた子は、妹や弟、または学校でより立場の弱い友達に怒りを連鎖させていくのです。

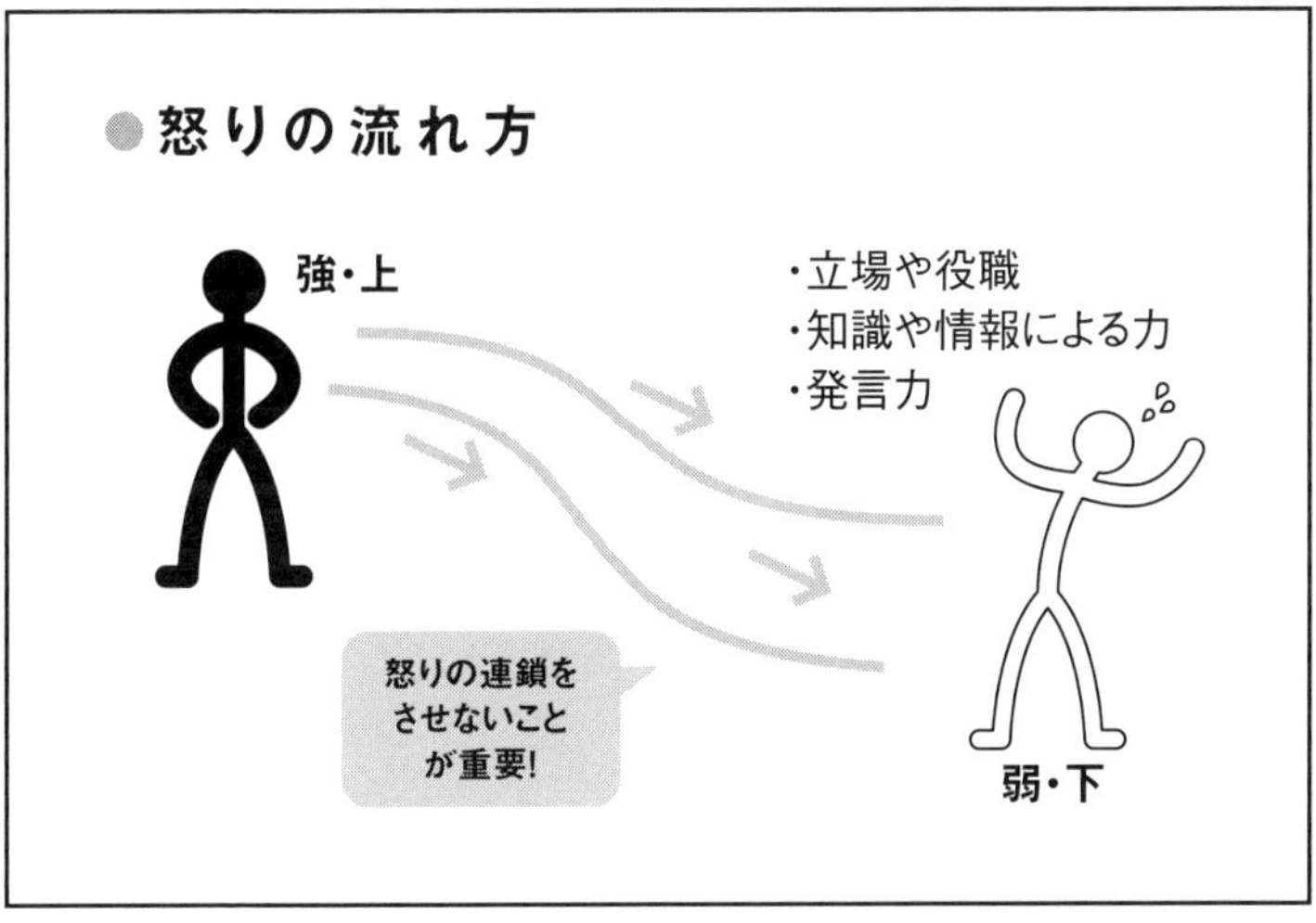
怒りの流れ方
強・上
・立場や役職
・知識や情報による力
・発言力
弱・下
怒りの連鎖をさせないことが重要!

2. 怒りは伝染する

家族や同僚など、近くの人がイライラしているのを見て、自分まで同じようにイライラしたことはありませんか?

じつは、「情動感染」と言って、喜怒哀楽の**感情は周囲に伝染します。**

イライラして変なため息をつく人、「チッ!」と舌打をする人、パソコンのキーボードを不機嫌そうに音を立てて打つ人、ブツブツと愚痴や不満を口に出して言っている人……。じつは、知らず知らず、あなたにその怒りが伝わってきます。それをまともに受けて、自分までイライラしないように気をつけましょう。

●怒りの伝染

自分自身が
怒りの震源地に
ならないよう注意!

3.身近な対象ほど強くなる

パートナーに対して、「使ったものは元に場所に戻して」「洋服は脱ぎっぱなしにしないで、洗濯カゴに入れて！」だったり、子どもに対して、「帰ってきたらすぐに宿題やりなさいよ」「部屋を片づけなさい」「何時だと思ってるの！　早く寝なさい」などと、「何度言っても直らない」とイラッとしたことはありませんか？

怒りは身近な対象ほど強くなる性質があります。なぜなら、長く一緒にいる身近な相手ほど、「コントロールできるはず」だという思い込みがあるからです。

また、よくわかっている相手だからこそ、相手への期待値も高くなり、甘えも生

身近な対象ほど怒りが強くなる
親しい知人
（恋人、仲のいい友人など）
家族
（パートナー、親、子どもなど）
長く一緒に仕事をしている人
関係が深くない人
（知人レベル、
仕事上の付き合い）

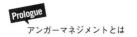

じやすくなります。そのため、思い通りにいかない場合に、怒りが生じやすく、それを相手に向けやすく、その怒りの程度も強くなるのです。

長く一緒にいる人だとしても、相手は自分とは違う人間であり、違う考えや価値観（「べき」）を持っています。**例え身近な相手でも、言わなくてはわかってもらえない、思う通りにはならない存在なのだと考えましょう。**

「言わなくてもわかってくれるはず。何度同じことを言わせるの？」

「私がしてほしいことくらい（長く一緒にいるんだから）、わかるでしょ？」

「このくらいのことは、ふつう察してくれるはず」

身近な人に対してこんな気持ちになった時は要注意です。

⇩4．行動を起こすモチベーションにもなる

怒りは強いエネルギーを持っているため、その扱い方によっては「いつか言い返してやる！」「仕返しをしてやる！」などと、非建設的な行動のエネルギー源になってしまうこともあります。ひどい場合は、復讐やストーカー行為に結びつくケースもあるくらいです。

ですが、もちろん、アンガーマネジメントを学べば逆に建設的な方向へと向けることも

できますから安心してください。

例えば、馬鹿にされて怒りを覚えたけれど、それをバネに奮起して、「よし結果を出してやる」「今に見てろ!」と行動し、何らかの成果を出せたという経験はありませんか?

このように、怒りのエネルギーをうまく使って建設的な行動へと意識を向けてみるのです。

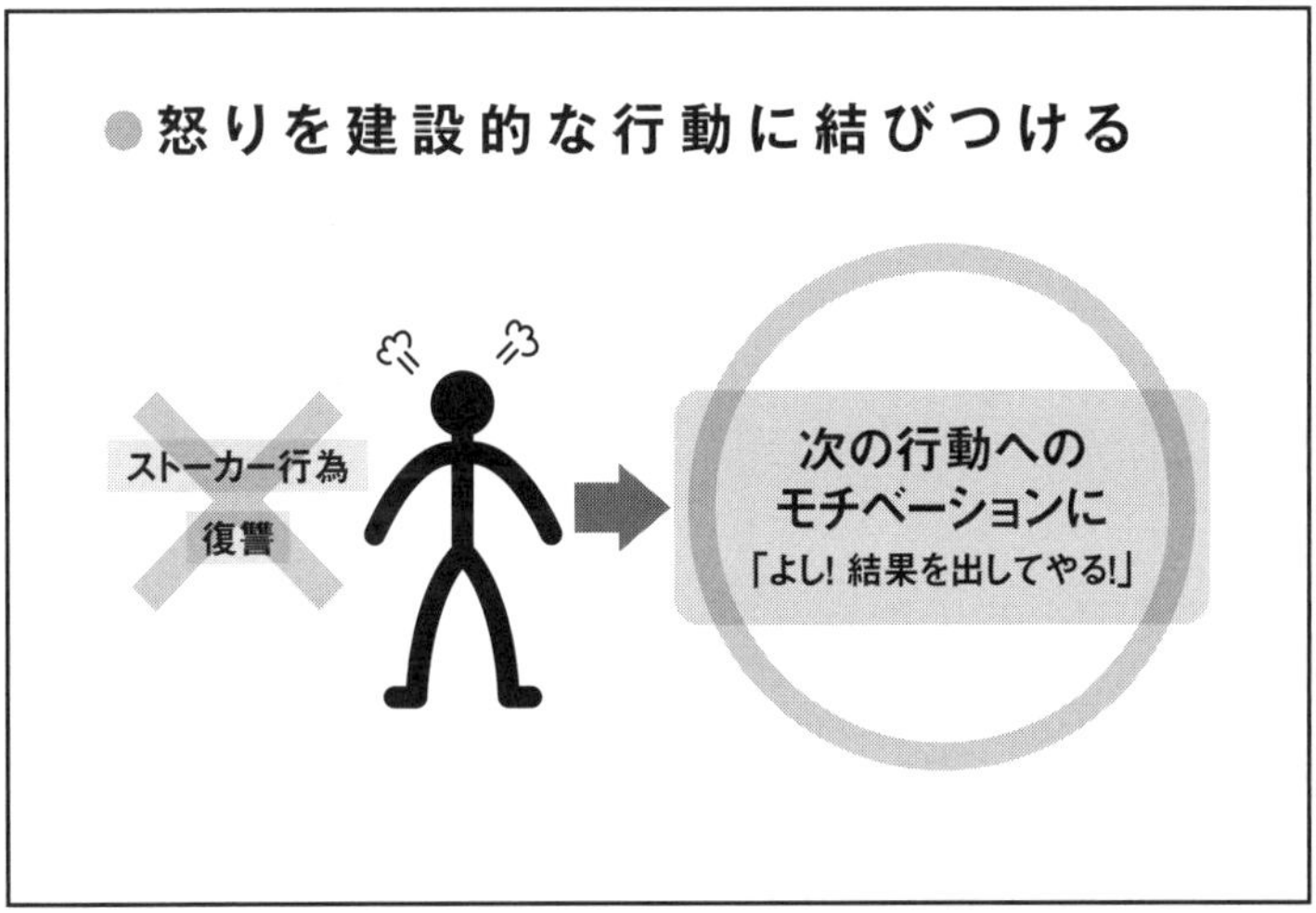

04 問題となる4つの怒りとは

繰り返しになりますが、「怒りは感じてもいいし、怒ってもいい」のです。ただし、その出し方に気をつけてほしいのです。**怒りの出し方を間違うと、周囲との関係を損なったり、自分自身を傷つけてしまう恐れがある**からです。

次に挙げるような怒り方、怒りの傾向があったら要注意です。

①強度が高い

□怒った時に自分でもコントロールできないほどの強い怒りを感じ、感情を爆発させてしまう。

□相手が謝っても、誰かが止めても 一度怒り出したら止まらなくなってしまうほどの激しい怒りを出してしまう。

②頻度が高い

□1日のうちに何度も怒ることがある。

□いろいろなことで頻繁に腹を立て、ささいなことでイライラし、いつも不機嫌（に見られる）。

③攻撃性を持つ

□怒ると相手、モノ、自分へ攻撃をする。
⬇自分を責め、自分の心、身体を傷つけるような行為をする（過度な飲酒、薬物依存など）、モノを壊す、モノに当たる。
□怒ると相手を責め、傷つけるようなことを言う、暴力をふるう。

④持続性がある

□一度怒ると何日も怒りが鎮まらない。あるいは一度鎮まったはずの怒りの感情が、何かのきっかけで高まることがある。
□怒るとしばらく口をきかない、不機嫌になるなど、根に持つ。
□過去のことを思い出し、その時の怒りがわき上がってまた怒り出すという「思い出し怒り」をする。

さて、思い当たるものはあったでしょうか？

なかでも、とくに「④持続性がある」にチェックがついた人が注意しなければならないのが、「怒り」が続くといつしかそれが「恨み」に変わることがあるという点です。そもそも、根本的に怒りと恨みは違うものです。怒りは「〜してほしい」「〜であるべきなのに」という思いをわかってほしいという時に出てくるごく自然な感情ですが、一方の恨みは相手にダメージを与えることを目的とします。

アンガーマネジメントは、最初の一歩として自己理解ができていることが重要です。まずは怒っていること自体に自覚を持ち、その怒りの傾向や度合いに気づくことが大事なのです。

05 アンガーマネジメントとは

怒ることを後悔しないために

自己嫌悪に陥るしおりに梅原がすすめていたアンガーマネジメントとは、いったいどんなものなのでしょうか？

アンガーマネジメントとは、１９７０年代にアメリカで開発された、怒りの感情と上手に付き合うための心理トレーニングのことで、当初はドメスティックバイオレンス（ＤＶ）や差別、軽犯罪者に対する矯正プログラムとして確立されました。現在では企業、教育機関でも広く導入され、教育・職場環境の改善、学習、業務パフォーマンスの向上を目的に多くの人がアンガーマネジメントに取り組んでいます。

日本でアンガーマネジメントの普及につとめている一般社団法人日本アンガーマネジメント協会では、アンガーマネジメントについて、「怒り（アンガー）で後悔しないこと（マネジメント）」と定義しています。

決して怒ってはいけないのではなく、怒る必要のある時には適切な怒り方ができ、怒らなくてもいいことには怒らないですむようになれることを目指すということ。つまり、**「怒らなければよかった」「怒っておけばよかった」と後悔しないようになることです。**

本書は、アンガーマネジメントができるようになるために次のような流れで取り組みます。

1.怒りのメカニズムを知る→Part1

身近な感情なのに、じつのところよくわからないのが「怒り」というもの。理解で

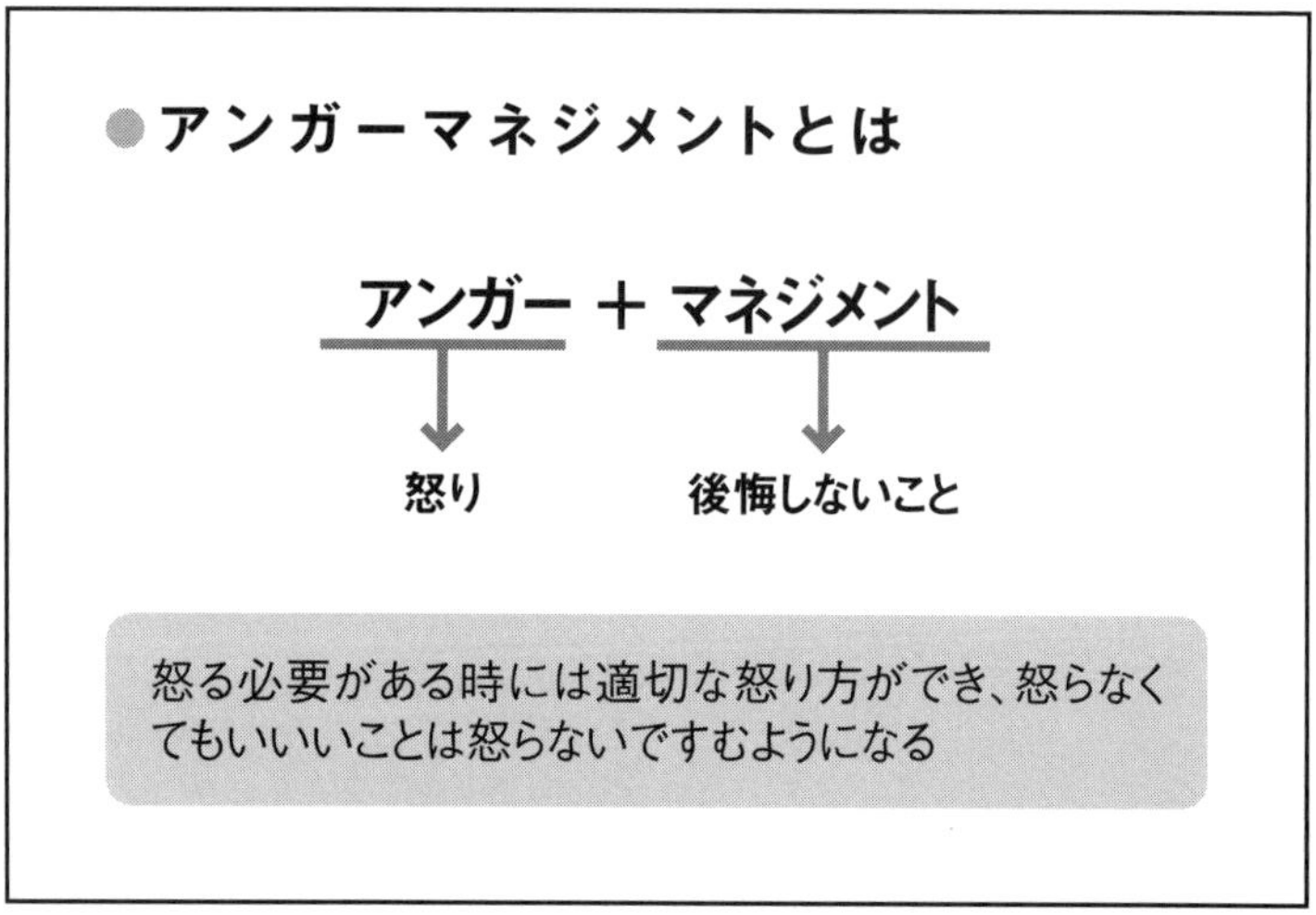
●アンガーマネジメントとは
アンガー ＋ マネジメント
怒り
後悔しないこと
怒る必要がある時には適切な怒り方ができ、怒らなくてもいいことは怒らないですむようになる

きていないものをうまく扱うことはできませんね。まずは怒りについて理解を深めましょう。

2.怒りをコントロールする方法を知る(短期・長期それぞれの取り組み)→Part2

怒りにまかせた行動をしないための対処法と、怒りにくくなるための体質改善のような長期的な取り組みを紹介します。

3.怒りを上手に伝える方法を学ぶ→Part3

怒ると決めたことについて、それを相手にどのように伝えたらいいのかを学びます。

さあ、それでは、主人公のしおりと一緒にアンガーマネジメントをひとつひとつ学んでいきましょう!

Column
1

「タテの関係」の相手にも 心の中では対等に向き合おう

仕事上の人間関係では、年齢や立場、キャリアの違い、役職、スキル、専門知識の量など、「上下」がわかりやすい「タテの関係」のある人とコミュニケーションをとる機会が多いことでしょう。そんな時は、タテの関係にある相手ともヨコの関係で対等に向き合うことをおすすめします。

もちろん、実際の上下関係を無視した対応をしろと言っているわけではありません。「私の立場でこんなことを言ったらどう思われるか」と自分を卑下したり、逆に「相手にこちらの言うことを認めさせよう」と相手を見下してコントロールしたりしようとせず、心の中の向き合い方を対等にしましょう、ということです。こういった心のありようは、自分で意識しなくても、じつは言葉以上に相手に伝わっているものだからです。

では、心の中でヨコの関係で対等に向き合ってコミュニケーションをとるためには、どうしたらいいのでしょうか。

それには、まず自分を信頼する力、自己受容度を高めることが重要です。自己受容とは、「自分を理解し、自分の長所や短所も知っていて、例え欠点があったとしてもありのままの自分を認め、受け入れることができる」ことで、単なる「うぬぼれ」とは違います。

自分を認めることができないと、相手を認めることはできません。相互信頼を土台にしたコミュニケーションのためには自己受容度を高めることが欠かせません。

短所や、能力的に劣っているところがあったとしても、人としての価値が下がるわけではありません。まずは自己受容度を高める練習だと思って、自分の良いところ、好きなところ、できていることに目を向けて書き出してみることから始めてみませんか。

Part 1

怒りが生まれる
メカニズム

前回は感情的になってしまって
申し訳ありませんでした
もう二度とあんなことがないように気をつけます
Story 1
目指すは下町のヒーロー
意見をちゃんと言ってるのに怒られるなんて心外よ！
え…
あれが意見…
もう私ったらおっちょこちょいでしょ？
だからお客様がてっきり振り込め詐欺にあってると思っちゃって無理矢理止めちゃったのよ
そしたら信金中大騒ぎになっちゃって！
何よ？
いえ…
すみません
それではそろそろ企画を決めないといけないのでみなさんよろしくお願いします

くる
くる
地域活性化って
全然イケてないじゃん
おじさんくさいし
お金あるんなら
クラブ作ったら
いいじゃん♪
きっと
若い人集まるよ
早く帰らなくちゃ
いけないのに
困るのよね
子どもも減って
小学校も統廃合になって
近くの小学校に
通えないから大変なのよ…
あの廃校
どうするのかしらね
だってもったいない
じゃない
プール使えないかしら
ムズッ
たった5億で
何ができると
言うんだ
そもそも
コンセプトが
間違っているんだ
みなさん
会議ですよ！
自分勝手に話さない
でください！
ちゃんと会議に
参加してくだ
さい!!

じぃ～…
ズーン…
さっそく怒ってしまった
空気最悪だし何も決まらないし…
どうしたらいいのよ…
梅原さん助けてよぉ！
僕も忙しいから21日で自分の感情と上手に付き合えるようにしてあげるよ
ほ…本当ですかっ!?
よかった助かった！さっそく教えてください
プルルル
ちょっと待って
スケジュールをダブルブッキングしていただって!?
え…

仕方ない 今すぐ行くよ！
え
え
え
ピ
というわけで…
ごめんね
ぴゅーっ
必ず近いうちに
ええ!?
そんなぁ
結局 あれから1週間 連絡ないし…
ひゅるるる～
ネットで調べてみたら すごい コンサルタントみたいだし
せめて 電話番号くらい 聞いておけばよかった…
梅原さぁん！
早く帰ってきてぇぇ
おいっ

な
……
何やってんだ？
何よ？
今後会議中に富士さんに意見求めるなよ
え…なんで？
会議が進まないのはあのおばさんが無駄話ばっかりするからだろ？
子どもの話なんて聞いてないっつうの
無駄な時間を作るな
いいなリーダーなんだろ
……
だったら松井くんがいいアイデア出してよ
あ!?
いまなんて言った!?
べ 別に……
ちっ イライラするわ!

こっちだって
イライラしてるわよ！
全然企画だって
進まないし！
そんなもの
自分でなんとか
しろよ!!
できるものなら
やってるわよ！
また
もめて
ますよ
う～ん
会議室
もう何度目だ
いい加減に
しなさい
人前でケンカ
するなんて
リーダー失格だぞ
申し訳
ありません
でもみんなが
まじめに取り組んで
くれないんです！
私だけが
悪いんじゃない
んです！
やっぱり君には
荷が重かったのかも
しれない
もし次
同じようなことがあれば
君にはリーダーを
降りてもらう
え…

いま
喜んだ?
ま…
まさか……
ム"ッ
はぁ
よかった
そうよ
私には
荷が
重かったのよ
あんなクセのある
3人を
私がまとめられる
ワケがないじゃん
いまの状況なら
外されるのは
時間の問題よね
やれやれ

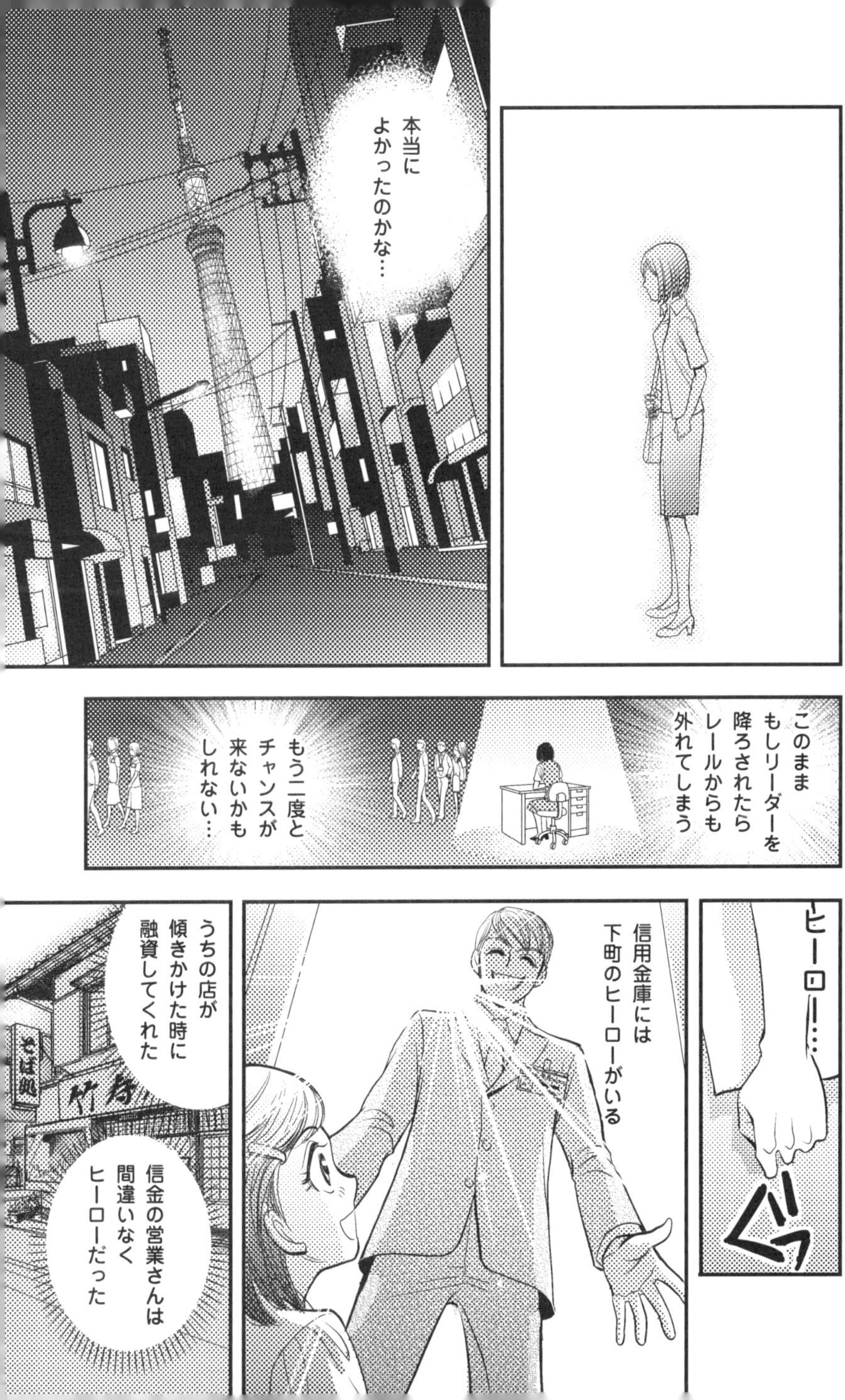

本当に
よかったのかな…
このまま
もしリーダーを
降ろされたら
レールからも
外れてしまう
もう二度と
チャンスが
来ないかも
しれない…
ヒーロー…
ぐっ
信用金庫には
下町のヒーローがいる
うちの店が
傾きかけた時に
融資してくれた
信金の営業さんは
間違いなく
ヒーローだった
そば処

ヒーローに
なりたい
そう思って
入庫したのに…

そば処
竹寿庵
はあああああ…
こらこら
お客さんに
挨拶しなさい
まいどあり
あ…
梅原さん
どうも…
やあ

って
梅原さんいたっ！
どうして連絡してくれないんですか大変だったんですからね！
ごめん！ごめん！
なんだ？なんだ？
海外に行ってたんだよ
今日こそアンガーマネジメントを教えてもらいますからね！
とりあえず部屋に来てください！
絶対に逃しませんよ！
ちょっちょっとっ！
さすがに女の子の部屋には…
いいから！
おいおいっ
……
どさり
リーダーシップ七つの条件

へぇ
ちゃんと勉強しているんだ
もちろんです！
でも全然でした
あらやだ この企画 10年前もやったわよね
これもダメだな
ライバルの 北南信用金庫も 同じことやっているよ
そんなことも知らないのか
知識も経験も人望も足りない 私ひとりでは 5億円ものお金は扱えない
ヒーローになんてなれないんです
ヒーロー？
なるほど そんなことが
だからこのままだとリーダーやめさせられちゃうんですよ
せめてすぐにカッとならない性格だったら
「怒り」って何だと思う？
え…

無駄な感情です！
無駄
だって人に迷惑をかけるし
冷静な判断ができなくなるし
そっか怒りを悪いことと考えているんだね
当然ですっ
でも怒りの感情をなくすことはできないでしょ？
！
前にも言ったけど怒りは自然な感情
嬉しいや楽しいと同じだからまずは否定しちゃだめだよ
でも…

ただ怒りは他の感情に比べて強いエネルギーを持っているから
その感情に振り回されることがある
ふざけんなやってられるかぁ
振り回されるのは怒りについて正しく理解していないからだ
う…
何度も言うよ怒りは悪い感情じゃない
怒らなければいけないことはきちんと怒る
怒る必要のないものは怒らない
怒る
怒らない♪
怒ったことを後悔しない取り組みが君には必要なんだ
はぁ…

ずっと怒ること＝恥ずかしいって教育されてきましたからね
スッ
そんなに簡単に変われるかな…
じ〜
……
覗くなっ！
若い男女がひとつの部屋にいるなんて許さんぞ!!
店ほったらかすな
何を考えてるのよ！
ハハ。
さっそく怒ってるし
今の怒りの一次感情は恥ずかしいという感情かな
え…？
一次感情？
怒りは二次感情とも言われるんだけど怒りの裏に潜む感情があるのには気がついてるかな？
裏に潜む感情ですか…？
怒
ひょこ

怒りとは 相手にこうあってほしい こうであるはずという 期待を裏切られた時に 生まれる感情なんだ
バンバン
どうして わからないのよ!
なんで できないんだ!
やってられん
もう! 腹が立つわ!
すみません…
つまり 本来わかってほしい という気持ちが 根っこに あるんだよ
今のように 「恥ずかしい」や 「困った」だったり するのに 怒りによって 表現されてしまって いるんだ
恥しい
怒
わかりづらくて ごめんちゃい
なるほど
ちなみに 一次感情には こんなにも 種類があるよ
一次感情
不安 つらい 寂しい
苦しい 痛い 困った
嫌だ 疲れた 悲しい…
二次 怒 感情
わぁ…
いっぱい―
父ちゃんの 一次感情は 「心配」だぞ
お茶持ってきた
何を勝手に聞いてるのよ!?

今の一次感情は「困った」かな？
人の親切をむげに…
いや「情けない」です
それを踏まえて
怒るべきか怒る必要がないのかマネジメントしていこう
…
怒りがどういうものかよくわかったんですけど…
なんだか難しそうできるかな…
大丈夫まずはアンガーマネジメントの3つのルールを実行してみよう
3つのルールですか……？

翌日
鶴川信用金庫
さてと
これから会議だろ
はい
わかっているな
次に問題を起こしたら
リーダーを外すからな
はい
もう二度と
問題を
起こしません
失礼します
……
いいこと
聞いた
そもそも同期で
俺のほうが
成績上げているのに
女だからってリーダーに
抜擢されるなんて
がまんならん

こんなプロジェクト潰してやる
けど犬って可愛いでしょ？
犬の散歩する場所がないのよ
となりの家のご主人の工場が潰れてしまってね
とってもいい人だったのよ
お菓子作るのがとってもうまくてねぇ
お店やったらいいのに
本当によくしゃべるな
いつも通り富士さんのマシンガントークが止まらない
昨日しゃべらせすぎを止めろと注意したからきっと
富士さん
少し発言を控えてもらえませんか…
え…

その時すかさず！
富士さんの意見を遮《さえぎ》るなんてリーダー失格だぞ
ええっ
ちょっと言ってることが違うじゃない
ムカァ
言ってることってなんなの？どういうこと？
いやそれは…
ニヤリ
問題起こしたな！
お前はリーダー失格だ
完璧
お前にはリーダーは早い！
毎晩寝れないのよねぇ
どこかいいマッサージ店ないかしら？
昔は近所の子どもを預かったりしてたのよ
へ〜そうなんですか
おばちゃん達も実は起業したいのよ
へ〜そうなんですか
ここらへんって家賃が高いわよねぇ
おいっ子が田舎から出てくるの
へ〜そうなんですか
おいおい！どうして何も言わないんだ!!!!

どうでもいい
話を
ダラダラしている
だけだぞ?
そんな会話
意味が無い!
へぇ
そうなん
ですか
大丈夫
まずは
アンガー
マネジメントの
3つのルールを
実行してみよう
3つのルール
ですか…?
まず1つめ
べきの三重丸
べきの三重丸?
さっきも言ったが
怒りの原因は
ゆずれない価値観
つまり「○○するべき」
という自分の期待や願望が
裏切られた時に
生まれる感情だ
べき!!
そういう
コトか

世の中はべきが溢れている
例えばメールは24時間以内に返すべき
電車の中で化粧はするべきはない
玄関で脱いだ靴は揃えるべき
会議ではよけいな話をするべきではない
ちゃんと会議に参加するべき
もちろんです
みんな忙しい時間を割いて参加してもらっているんですから
けどそれはしおりちゃんの常識でしょ？
え…
ピクッ
すべての人にとって正しい常識じゃない

え…
それって…私の価値観をみんなに押し付けているってことですか…？
そうだね
けど怒らないといけない時もあるから
自分の中で境界線をしっかりと決めておく必要があるんだ
境界線？
それが三重丸
OK ゾーン
許容ゾーン
NG ゾーン
許容ゾーンを明確にする まずはこれが決まれば怒りをマネジメントできるようになるよ
そっか
怒るべき時は怒るけど どのレベルで怒るのか しっかりと把握していないとってことですね
その通り
あの後 自分の境界線を考えてみたら…

もぉ〜
大変なのよね〜
富士さんの会話は許容ゾーン内
むしろ一見無駄話のような内容だったけどよく聞いてみると
ぺちゃくちゃ
ぺちゃくちゃ
生の主婦の声は貴重な意見
それってマーケティングにもなる
許容ゾーンの境界線を広げたことで
冷静に富士さんの話を聞くことができた
アンガーマネジメントの功績ね
富士さんもっと聞かせてください！
あら
いい加減にしろよ！
ビクッ
いつまでくだらない会話させてるんだよ！
イライラ
問題が起こるどころかリーダーとして仕事をしだしている
ここで潰しておかないと

富士さんの世間話を聞くために大切な時間を割いてるんじゃないんだ！
そもそも昔働いていたか知らないけどただのパートのおばさんだろ⁉
社員でもないのにしゃしゃり出てくんじゃないよ！
よし！
2つめのルール
怒りのピークは6秒
危な…

反応してしまうところだった
6秒の間は反応してはいけない
反応ってなんですか?
反応とは売り言葉に買い言葉のようにとっさに口や態度に出てしまうことさ
「言い返す」「何かを言う」「仕返す」
最近の私だ
怒りのピークは最長で6秒と言われているので
カッとしたら6秒待つ
そんなカッとなった時に待てないですよ
それじゃあ6秒待てる方法を考えてあげましょう
方法?
なんでもいいんだよ
秘伝の書
例えば
ストップシンキングといって心の中で「ストップ!」と唱えて白紙を思い浮かべて心を落ち着かせる
Stop!
カウントバックといって100を逆からカウントしたり
100
99
98
簡単なのが深呼吸4秒吸って8秒吐く
すぅううう
はぁあああ
すると怒りのピークは過ぎているよ
冷静になってください

いま富士さんが話してくれたことは地元の主婦の声としては大切な意見です
きっとその中にヒントがあるはずです
あら嬉しいこと言ってくれるのね
本当ですから
しかしだな
松井さんって小さい男ですね
なんにもしてないのに
なんだと!?
お前が言うなっ!!
あ…反応してる
俺は俺なりに色々考えているんだ!!
はいはい
はいは1回だろっ!
やめなさいよ
私…少し冷静に見れてる
そして3つめのルール「思い込みの分かれ道」
できることとできないことを線引きできるようにする
できない
できる

例えば……
渋滞でイライラしているとする
イラ イラ イラ イラ イラ イラ
渋滞はどんなに祈っても解消されない
変えられないのであれば 現実的な対処策を考えるんだ
例えば気分転換できるCDを用意するなどね
イラ イラ
変えられる場合変えるための行動をとる
でなければずっとイライラしてしまう
変えるための行動か…
このメンバーは変えることができない
俺は間違っていない!
大人になりなさい
ガキ
けど…私自身の対応は変えられる
以前の私は
え…
会議には真面目に参加するべき
リーダーに口答えするべきではない
リーダーはちゃんとみんなをまとめるべきだ…
リーダーがすべての責任をとらなければならない

自分の価値観を否定される恐怖を
怒りでごまかしていました
だから自分の価値観に合わないとすぐにカッとしてしまう
常識
常識
常識
けど
べきの三重丸
最近怒っているのは自分勝手な価値観だと気がつくことができました…
意見を聞かせてください
自分の価値観だけで判断するのではなく
みなさんと話し合ってプロジェクトを成功させたい

みなさん力を貸してください
へぇ～
思い切ったこと言ったね！
そば処
鶴川信用金庫
自分を変えるにはあれがいいと思ったんです
メンバーの反応はどうだった？
会議の雰囲気が少し変わったかな
松井くんは相変わらずだけど
いい傾向だね
え……
アンガーマネジメントは「自分の感情に責任を持つ」ことが重要なんだ

君は
自分自身を正面から
見つめ直すことが
できつつある
怒りの感情は
誰かのせいで
生まれたわけでもなく
自分の中から
生み出したもの
だからね
本当ですか
やったぁ！
けどまだ
アンガー
マネジメントは
始まったばかり
怒りを溜めずに
相手に
言いたいことを伝え
相手も自分も
傷つけない
人間になろう！
あ
お願い
しますっ！
天ぷら
お待ち
頼んでないけど…
どーーん

怒りはどこからわいてくるのか？

01

⇩怒りの原因はあなたの中にある!?

こともあろうかキックオフ会議で怒って怒鳴ってしまったしおり。梅原のアドバイスもあって、反省してみんなに謝罪したようです。

これで万事うまくいく……はずはありませんね。案の定、謝ったそばからふたたびメンバーの勝手な発言、行動に振り回されています。

そもそも、なぜ怒りは生まれるのでしょうか？　その原因はどこにあるのでしょうか？

たいていの人はその原因を尋ねると、「あの人が私を怒らせた」「この状況が……」「この組織が」と、自分を怒らせたのを相手や状況、出来事のせいだと言います。ですが、本当の怒りの原因は、相手でも、状況や出来事でもなく、じつはあなた自身の中にあります。

正確には、**相手にこうあってほしい、こうであるはずといった、あなた自身の願望、理想が裏切られた時、その通りにならなかった時に怒りが生まれる**のです。

⇩当たり前に使っている「べき」にご用心

あなたの願望や理想を象徴する言葉が「べき」です。あなたは、普段の生活の中で「〜であるべき」「〜するべき」という言葉を思い浮べたり、使うことはありませんか？　この「べき」は「ゆずれない価値観」「信条」とも言い換えられます。

・時間は守るべき　・挨拶はするべき　・順番は守るべき
・電車内では化粧はするべきではない　・高齢者には席を譲るべき
・家に帰ったら手を洗うべき　・靴は揃えるべき
・上司が命じたら部下はすぐに動くべき　・上司は部下の様子に気を配ってねぎらうべき

こう見てみると、人生経験の中で身についた「べき」、育った家庭のしつけで形作られた「べき」など、さまざまありますね。つまり、**自分自身が長年信じてきたことを、相手もその通りだと思っているとは限らない**ということ。特に世代や育った環境が違う相手の場合、相手と自分の「当たり前」が違うことはまったく珍しくないはずです。

ですから、「普通はこうするよね」「当たり前じゃない？」とイラっとしたら、自分の中のどんな「べき」がそう思わせているか、立ち止まって考えてみてください。

⇩「べき」を悪者にして責めないで……

さて、ここまで読むと、何やら「べき」が怒りを引き起こす悪玉のように感じた方もいるかもしれませんが、早合点しないでください。「べき」自体には正解、不正解はありません。長年信じてきた自分の「べき」は自分にとっては真実です。ただし、同時に、すべての人にとっての真実ではないということです。それぞれの「違い」と受けとめましょう。

また、一見似た「べき」を持っているようでも、人によって、その程度は違います。

例えば、「時間を守るべき」を例に考えてみましょう。10時スタートの会議と聞いても、10分前に会場に集合するべきだと思っている人、10時ちょうどに行けばいいと思う人、同じ職場の人間が集まるのだから5分くらいの遅刻は許されると思う人、さまざまです。

まずは自分がどのような「べき」を持ち、そしてそれらを「どの程度」望み、信じているのか、それは周囲の人と同じかそうでないかを振り返ってみましょう。

左頁には、人によって「べき」の程度が微妙に異なる例を挙げました。このように、職場、家庭、公共の場を思い浮べながら挙げ、書き出してみるのもアンガーマネジメントの取り組みのひとつです。

●人によって違う「べき」

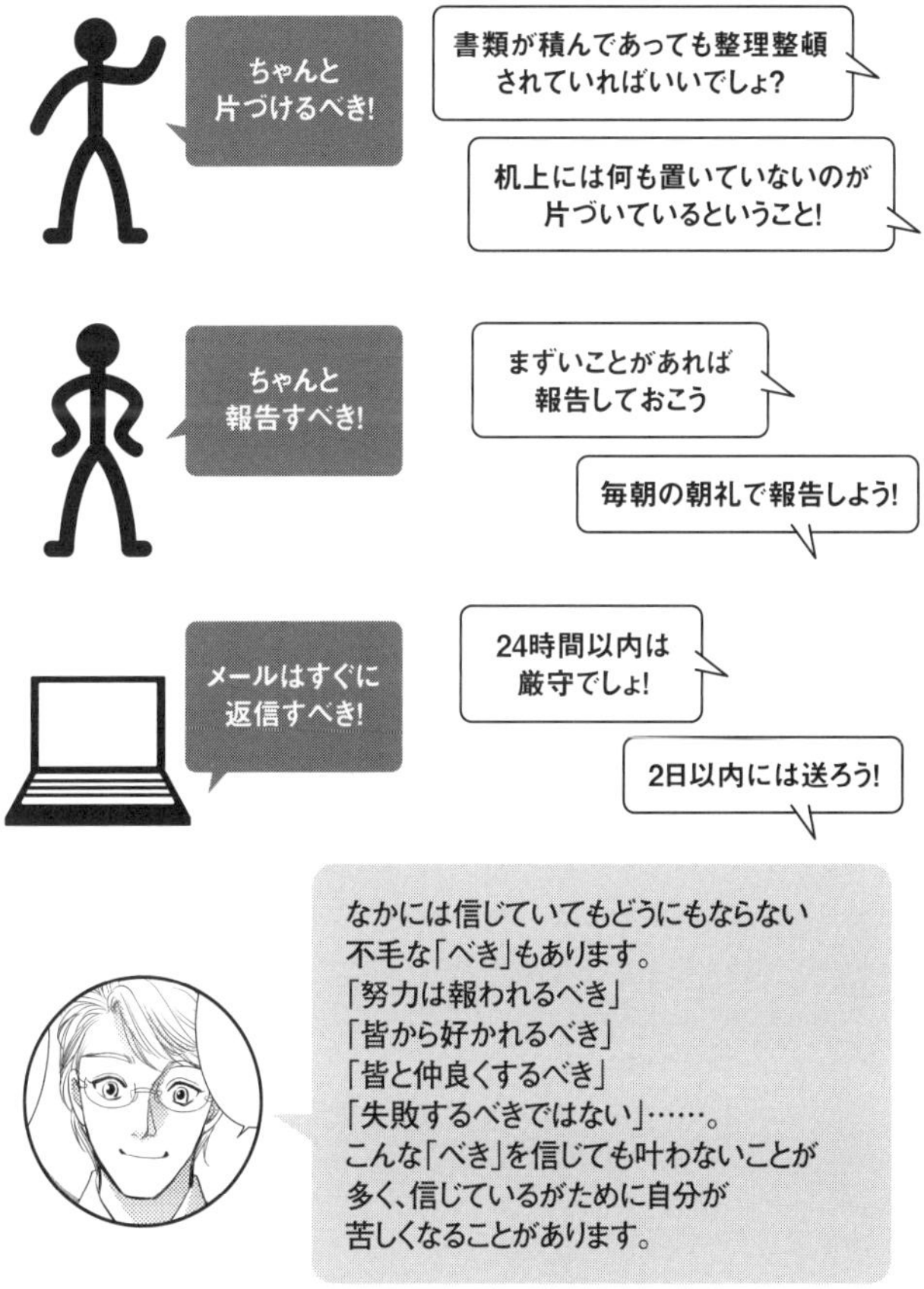
ちゃんと
片づけるべき!
書類が積んであっても整理整頓
されていればいいでしょ?
机上には何も置いていないのが
片づいているということ!
ちゃんと
報告すべき!
まずいことがあれば
報告しておこう
毎朝の朝礼で報告しよう!
メールはすぐに
返信すべき!
24時間以内は
厳守でしょ!
2日以内には送ろう!
なかには信じていてもどうにもならない
不毛な「べき」もあります。
「努力は報われるべき」
「皆から好かれるべき」
「皆と仲良くするべき」
「失敗するべきではない」……。
こんな「べき」を信じても叶わないことが
多く、信じているがために自分が
苦しくなることがあります。

02 怒りは二次感情

怒りの前に生まれた感情はいったいどんなもの？

先ほどの項で、怒りは「べき」という価値観、「こうあってほしい」「～であるはず」という期待や理想が裏切られた時に生まれると説明しました。

ここで、もうひとつ、怒りの誕生にまつわる秘密をお伝えしましょう。

それは、**怒りは二次感情**だということ。つまり、**怒りの裏側には、本来相手にわかってほしい、悲しい、つらい、寂しい、悔しい、不安、心配、困惑といった感情が潜んでいるのです。これを一次感情と呼びます**。しかし、怒り自体がとても強い感情であるために、そこに潜む一次感情にはなかなか気づくことができません。自分自身も気づかないうちに怒りに姿を変えて溢れてしまうのです。

そうなると相手には本来わかってほしかった気持ちをわかってもらえないままになってしまいます。

先日、ある企業の研修を担当した時に、受講者の20代の女性が友人にこんな愚痴をこぼしているのが聞こえてきました。どうやら、連絡をしてもなかなか返答がない彼氏にイライラしている模様です。

彼女の言い分はこうです。彼氏にＬＩＮＥで連絡を入れて「既読」になったものの、返信がない。電話をしても梨のつぶて。ようやく連絡がついて、すぐに反応しないことをひどいと訴えても彼氏は「仕事が忙しい」の一点張り。頭にきたから「私と仕事、どちらが大事なの！」と問い詰めると「うるさい！」と〝逆ギレ〟された……。

さて、この時の彼女が本来伝えたかったこと、わかってほしかったことは何でしょう。

実際に彼女に尋ねたところ、「不安」「心配」と答えてくれました。

いままでだったらすぐに返信があったのに、いつまで待っても返ってこない。何かあったのか？　ひょっとしたら無視されているのかもしれない、でも原因もわからない……。こんな気持ちが大きくなって溢れて怒りとなったのです。

ところが、です。彼氏とのやりとりを見ると、どうもその不安や心配よりも、すぐに返信しなかった理由や折り返し連絡を入れなかった理由を聞き出そうとすること、問い詰めて責めるような言い方ばかりが相手に伝わってはいないでしょうか？

本来は、「私、心配したんだよ。何かあったんじゃないかと思って」と言いたかっただけなのに、「既読したらすぐに返事をするべき」「着信があったら、すぐに折り返し連絡すべき」という期待が裏切られた瞬間、本来わかってほしかった気持ちは「怒り」となって相手に向けられてしまったのです。

怒りを感じた時、いったいそれが何に対しての怒りなのか、裏側にはどのような気持ちが潜んでいるのか、本来わかってほしい気持ちはなんなのかに目を向けましょう。また、その気持ちを相手に伝えるにはどうしたらいいのかを落ち着いて考えることが大切です。

⇩イライラしたら自分の心のコップを点検してみる

最近なぜだかイライラしがち。いつもだったこんなことでイライラしないのに……と思う時はありませんか。

そんな時はまず、自分の心の中には感情

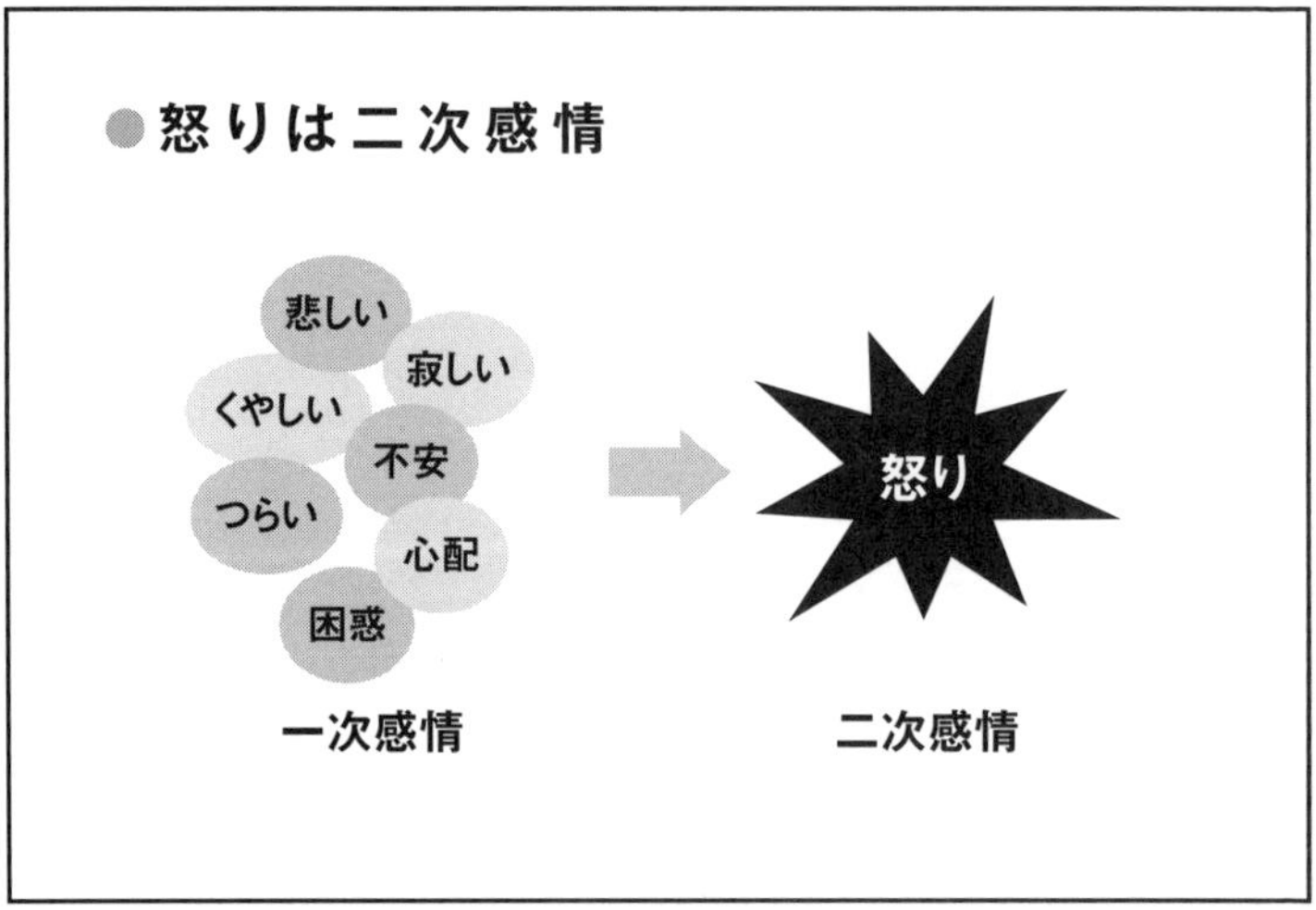
●怒りは二次感情
悲しい
寂しい
くやしい
不安
つらい
心配
困惑
怒り
一次感情
二次感情

を入れるコップがあると想像してください。そのコップの中に、一次感情がたくさん溜まっていると、ほんの少しの刺激を加えるだけで、怒りとなって溢れやすくなります。

例えば、何か不安や心配事を抱えている、傷つくことをされて悲しい、好きな人と会えなくて寂しい思いをしているなど、思い当たることはありませんか？

また、寝不足や、仕事量が多くて心身ともに疲れているという状態もイライラしやすくなります。

いつもよりイライラする自分に気づいたら、心の中にはどのような一次感情が潜んでいるのか客観的に見たり、認めていったりすることが大切です。

［衝動をコントロールする］

怒りのピークは6秒

03

カッとなったら6秒待って！

怒りのメカニズムがだんだんと明らかになったところで、怒りを「どうにかする」ために覚えておいていただきたい大切なルールを3つ紹介します。

まずひとつめは、**衝動をコントロールするための6秒ルール**です。

しおりがメンバー達の前で怒鳴ってしまったように、売り言葉に買い言葉で言い返してケンカになってしまった、職場で怒鳴ってしまった、子どもを叩いてしまった、やつ当たりして物を壊してしまった……。こんなふうに、ついカッとなって衝動的に行動して、後悔したり取り返しのつかないことになったことはないでしょうか。

感情的な言動や行動は、相手を戸惑わせたり傷つけるだけでなく、罪悪感が残ったり、自己嫌悪に陥ったりするものです。そもそも、自分の感情がつかめていないまま怒りまかせに口にした言葉は本心でないこともありますよね？

本来、わかってほしかったことが相手に伝わらないのですから、後味が悪くなるのは当然です。

カッとなったりカチンとした時は難しく考えず、まず6秒間だけ待ってみてください。

じつは、どんなに強く、激昂レベルだとしても、**怒りのピークは長くて6秒**と言われています。ですから、カッとなって暴言を吐く、怒鳴る、暴力を振るうなど、衝動的な行動に移る前に6秒だけ待てては、怒りにまかせた行動をすることなく、冷静な自分を取り戻せるということです。

では、どうやって6秒をやり過ごすのか？　6秒たった後も怒りがくすぶり続けている時はどうするのか？　これについてはPart2でまとめてご紹介します。

怒りのピークは6秒

[思考をコントロールする]

「べき」の三重丸

04

⇩「べき」の三重丸とは

「怒りはどこからわいてくるのか？」の項（76頁）で、怒りは自分が信じている「べき」から生まれること、その「べき」の程度は人それぞれ違うことをお伝えしました。

人と関わる際には、この違いを意識して、どこまではOK（許容範囲）で、どこからがNG（許容できない）なのかという「べき」の境界線、つまり、「怒る」「怒らない」の境界線を明確にすることが大切です。

この「べき」の境界線を三重丸で考えてみましょう。

一番中心の丸（①）は、自分と同じ「べき」。当然許容範囲ですね。

次の丸（②）は、少し自分とは違うものの許容範囲です。

問題は一番最後の丸（③）です。ここは許容できないゾーンです。

アンガーマネジメントでは怒ること・怒らないことの線引きができるようになることが重要です。②と③の境界線（点線）を、「怒る・怒らない」の境界線とし、①②で受け止められるなら許容し、③であれば相手に伝える（怒る）という判断をします。

大切な会議にもかかわらず、世間話をやめない富士さんに対してイライラを募らせていたしおりも、三重丸について梅原からレクチャーを受け、自分の境界線を見直したようです。よくよく考えたら富士さんの世間話は②に概当する、つまり、自分はしないけれど怒る必要のない許容範囲のことだとわかって、冷静に話を聞けるようになっていますね。

この境界線を明確にしたら、次の取り組みをしてみましょう。

境界線を相手に伝える努力をする

自分の「べき」が当たり前だと思うと怒

●べきの三重丸

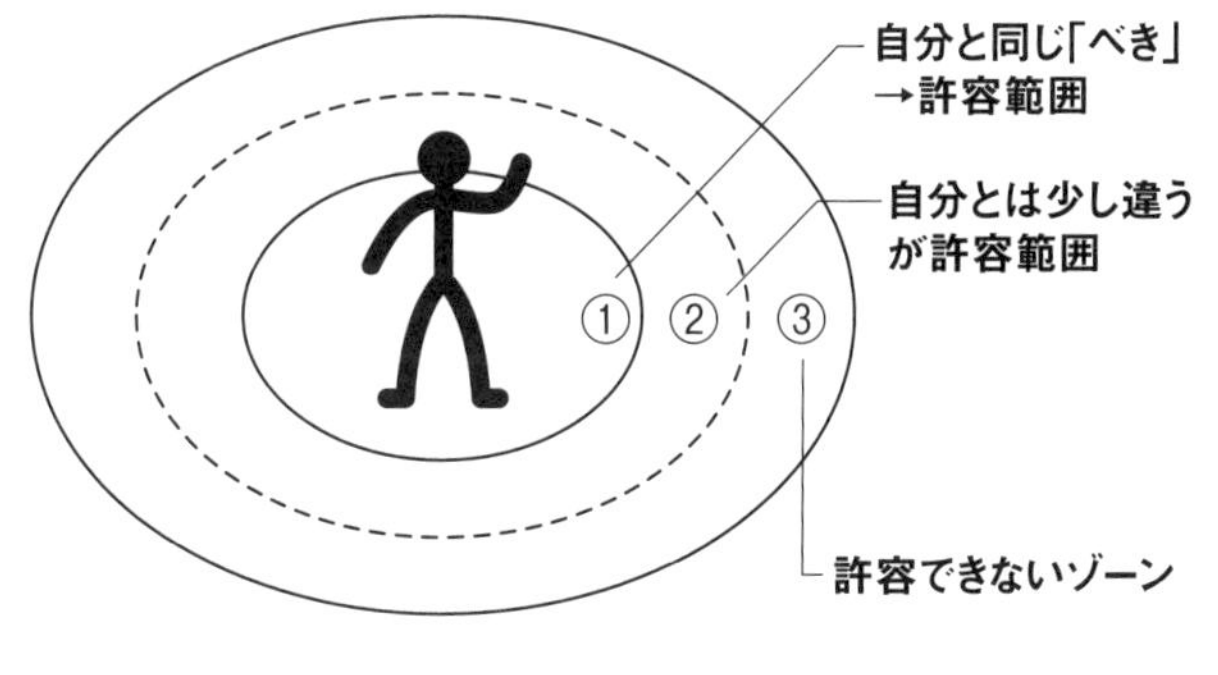

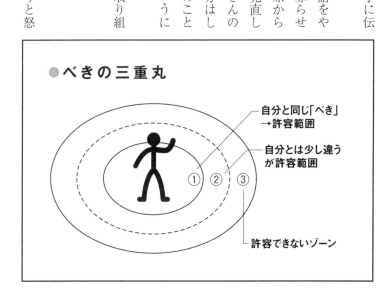

りも大きくなります。

特に、家族や友人、一緒に働いている人など、長く付き合う相手には、どのような「べき」を大切にしているのかを具体的に伝える努力も重要です。

抽象的な表現「ちゃんと」「丁寧に」「きちんと」などは相手と自分とではその基準が違う可能性があります。

部下や子どもに指示したり叱ったりする場面では抽象的な表現が多くなる傾向があります。例えば「ちゃんと時間を守って」「ちゃんと報告をしなさい」「社会人らしい身だしなみにしなさい」「もっと丁寧な言葉をつかいなさい」など。

「ちゃんとした報告」とはどのようなものを指すのか、「社会人らしい身だしなみ」とはどんなものなのか、口をすっぱくして指示しても、相手が浮かべたイメージが自分のもの違うと、当然、期待通りの行動は

富士さんのおしゃべりを三重丸で分類してみるしおり。

望めません。その結果、さらにイライラするのです。

誰かと共に生きるということは、お互いの境界線を知り、接していくことなのです。

特に身近な大切な人とはどこが境界線なのかを伝え合うことをおすすめします。

部下や子どもの指導でも、「～あるべき」「～すべき」が共通認識になるよう、境界線を具体的な表現で伝えておくと、いざ叱られた時に「なぜ叱られたのか」を相手が理解しやすくなります。

⇩境界線を広げる努力をする

「べき」の許容範囲が狭く、自分の「べき」に固執し続けると、寛容さや柔軟性が乏しくなります。

すると、相手との間に壁を作るだけでなく、その壁を守るために怒りで防衛したり攻撃したりするなど、さらなる怒りを生み出してしまうことになります。

そのために必要なのが「べき」の許容範囲を広げる努力です。

ここで覚えておいてほしいのが、許容範囲を広げることは、相手の「べき」に迎合することでも、自分の価値観を捨て、境界線をなくすことでもないということです。

大切なのは、**少し考え方を緩めて、さまざまな「べき」があるものだと認めること。**

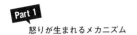

どちらが正解・不正解とは思わず、相手がなぜそのように思うのかに意識を向けてみましょう。

⇩境界線のゆらぎを安定させる

じつはこの三重丸のそれぞれの範囲は常に一定ではなく、状況次第で自然と大きさが変化しています。この、境界線のゆらぎを安定させることが大切です。それは、自分の機嫌や気分によって境界線を変える、つまり許容範囲を大きくしたり狭くしたりしないということです。

例えば、部屋が散らかっていて、子どものパジャマが脱ぎ捨てられたままになっていたとします。

「自分で使ったものは自分で片づけるべき」と思っているあなたは、いつもだったら子どもに向かって「片づけなさい！」と言いますね。でも、実際のところは自分の機嫌がいい時には見逃したり、「ま、いいか」と許容しているはずです。ところが機嫌の悪い時には怒って、「いますぐに片づけなさい！」と強権的に接する……。そんなあなたを子どもはどう思うでしょうか。

逆に、気まぐれに叱られる立場を想像したほうがわかりやすいかもしれません。

例えば上司から、前回は会議に5分遅れても何も言われなかったのに、今回は10時ジャストに来たら「もっと早く来い！」と叱られたとすると、どう思うでしょうか。

叱られた側は基準がコロコロ変わるのでうまくつかめず、「今日は機嫌が悪いのかな」などと思うことでしょう。本来の上司の意図は少しも伝わらず、下手をすると不信感を持たれる可能性だってあります。

[行動をコントロールする]

05 思い込みの分かれ道

⇩ 雨が降ってもかんしゃくを起こさないのはなぜ？

「どうにもできない」「自分の力ではどうにもならない」などと、**初めから自分の力や意思が及ばないとわかりきっていることに対しては、怒りを感じても、さほど強くならないという特徴があります。**

例えば天気について考えてみてください。

「楽しみにしていた旅行なのに、よりによって、なんで大雨!?」だったり、「暑すぎる！」「寒すぎる！」とイラッとすることがあるはずです。そうは言っても、最終的に天気や気候は自分の力ではどうにもならないことがわかっていますから、その現実を受け入れるしかありません。みなさんも、雨が降ったら予定を変更したり、気候に合う服装や冷暖房で対処したりと、どこかで気持ちと行動を切り替えるはずです。

このように、日常生活では自分の力ではどうにも変えようがないことが多いものです。それなのに、なぜか「どうにかなるのではないか」「変わるはず」と思い込み、怒りやストレスを大きくしてしまうケースが後を絶ちません。

⇩甘えや期待があるから怒りも大きくなる

「うちの家族は、なぜ何度も言わないと片づけないのかな」

「勉強しなさい、って何度も言っているのに！　毎回言われなくてもやってよ」

「夫（妻）の性格、なんとかならないかな」

「『机上ゼロ』と毎度言ってるのに、部下のデスクはどうしていつも散らかっているの⁉」

「『指示内容はメモして』と言ってるのに、後輩はまたメモをとってない！」

こんな状況でイラっとしたことはありませんか？

怒りは「身近な対象にほど強くなる」という性質があるとプロローグ（35頁）で紹介しましたが、その理由は、長く一緒にいるためにいつの間にか甘えと期待が育ち、「自分が思う通りの行動してくれるのではないだろうか」「変わってくれるのではないか」という思い込みに姿を変えているからです。そして、その思い込みの強さが怒りをさらに強くするのです。


では一方、こんなイライラはどうでしょうか？

「なんで私がこの部署に異動なの？」

「なんで私がこの上司のもとで働かなくてはいけないのかな」

「なんでクレーム電話がかかってくるのかな」

「毎日の通勤電車が混んでいるのがイヤ！　どうにかならないかな」

「車の渋滞にイライラする」


これらは、先ほどの身近な人へのイライラとは少し性格が違うようです。考えたところで人事権がなければ異動の問題は思い通りにはなりません。また、あなたがいくら望んでも、明日からクレームの電話や満員電車がなくなることは、ほぼ間違いなくないでしょう。このように、世の中には自分の力ではどうにもならない（コントロールできない）ことがたくさんあります。ですから、自分の力でどうにかなるか、ならないか、それらを見極め、怒りを必要以上に大きくしないことが大切です。

⇩怒りの元とストレスの原因を表で整理する

では、ここで実際に、怒りのもとやストレスになっていることを整理する方法を紹介します。

まずは、それらの原因だと思われることを書き出します。続けて、その状況は自分の力で変えられるのか（コントロールできるのか）変えられないのか（コントロールできない

怒りの元とストレスの原因をさぐるフレームワーク

	コントロールできる 変えられる	コントロールできない 変えられない
重要	変えられる・重要なことだと判断したら、いつまでに・どのように・どの程度変えるための行動をするのか、具体的な行動計画を立て、優先的にすぐに行動にうつす。 【例】 ・部下が同じミスを繰り返す ・仕事の量	変えられないと判断した相手の性格や行動、状況は現実として受け入れる。受け入れた上で、自分ができる建設的な対処を考え、行動する。 【例】 ・渋滞　長い行列 ・クレーム電話がかかってくる ・人事
重要ではない	変えられる・重要ではないと判断したら、優先順位が高いことではないため時間がある時に取り組むようにする。 【例】 ・部屋が散らかっている ・体重が減らない	変えられない・重要ではないと判断したら、「気にすることではない」「ストレスではない」と見極める。 【例】 ・通勤電車が混んでいる ・近所のコンビニの店員の態度が悪い

のか）を仕分けします。

次に、それらをさらに、自分にとって重要か重要でないかに仕分けします。これは自分の感覚でかまいません。同じ出来事、状況であっても、どこに分類するかは人によって違います。

このように怒りのもとになることやストレスを「見える化」して整理すると、思考の整理ができ、自分がコントロールできること、できないことの見極めができるようになります。

それによって、自分がコントロールできないことへの過剰な怒りがなくなり、どう受けとめ、どうしたらいいのか、解決思考で考えて行動できるようになります。

⇩「コントロールできない・重要なこと」はどう考えるか

私達にとって悩ましいのが「コントロールできない・重要」に該当することです。

95頁の表を説明すると、しばしば「〝現実を受け入れる〟ということは、がまんしろということでしょうか」と質問を受けることがあります。

がまんする、と受けとめるとそれがストレスになり、さらなる怒りが生じてしまいます。ですからここは、**がまんではなく、〝見極めた〟と考える**のです。

過去に起こったことも含め、どうにもならないことはたくさんあります。それらに対して「なぜ〜してしまったのだろう」「なぜ変わらないの!?」と悩み続け、原因に目を向けて原因思考で捉えると、過剰なストレスを生み、怒りも強くなります。ですが、状況は変わりません。

変えられない現実を受け入れずに相手を変えようとし、「状況が変わればいい」と願い続けて怒りの感情に浸り続けるのか、そこから解放され、建設的な取り組みができるようになれる自分になるのか。受けとめ方ひとつで感情は変わります。

そう、**感情や行動は自分で選ぶものなのです**。

Column
2

自分の弱さを防御するための攻撃

「私自身の『あるべき』を守ってくれない相手に対して、わかってもらう努力をするより、まず自分の正しさを認めさせようとしていたとわかりました！」

アンガーマネジメントのセミナーが終わると、ある受講者の男性が駆け寄ってきて、講師の私にこんな感想を伝えてくれました。さらに「それって、自分の弱さを防御するためだったと思います」と教えてくれました。

この男性が言ったように、一方的に自分の正しさを主張する攻撃的なタイプの人は、威圧的で、一見とても強そうにも見えますが、じつは自分の弱さを防御するために攻撃をしていることが多いものです。

なぜなら、自分の意見や考えに反対されたり、「違う」と言われたりすることは、「自分が認められていないこと」であり、相手の意見や考えを認めることは、「自分が相手より劣っていることを意味する」と感じていて、それらをどうしても受け入れられないからです。そうなると、攻撃という壁を作って自分の弱さを防御するしかありません。

ですが、誰かから「意見や考えが違う」または、「ＮＯ」と言われたとしても、自分自身が否定されたわけではないのです。

人は誰にでも不完全なところがあります。ですから、人と違う意見を持っていたり、間違ったり、失敗したりしても、人としての価値が下がるわけではありません。

相手と対等なコミュニケーションをとるためには、自分の良いところ、できていることはもちろん、不完全さをも認める勇気が大切なのです。

Part 2

心の器を大きくして怒りをコントロールする

やった！初めて融資が決まった！
一生懸命やってよかった！
うれしー！
Story 2
三重丸を少しだけ重ねてみたら
鷹見さんすごいじゃないか
おめでとう
ありがとうございます
失礼します
へぇ
空海商社ですかすごいですね
どうせ親父さんのコネだろ
・・・・
鷹見さんのお父さんって区議会議員だっけ
うちの信用金庫にもコネで入ったって噂だよ

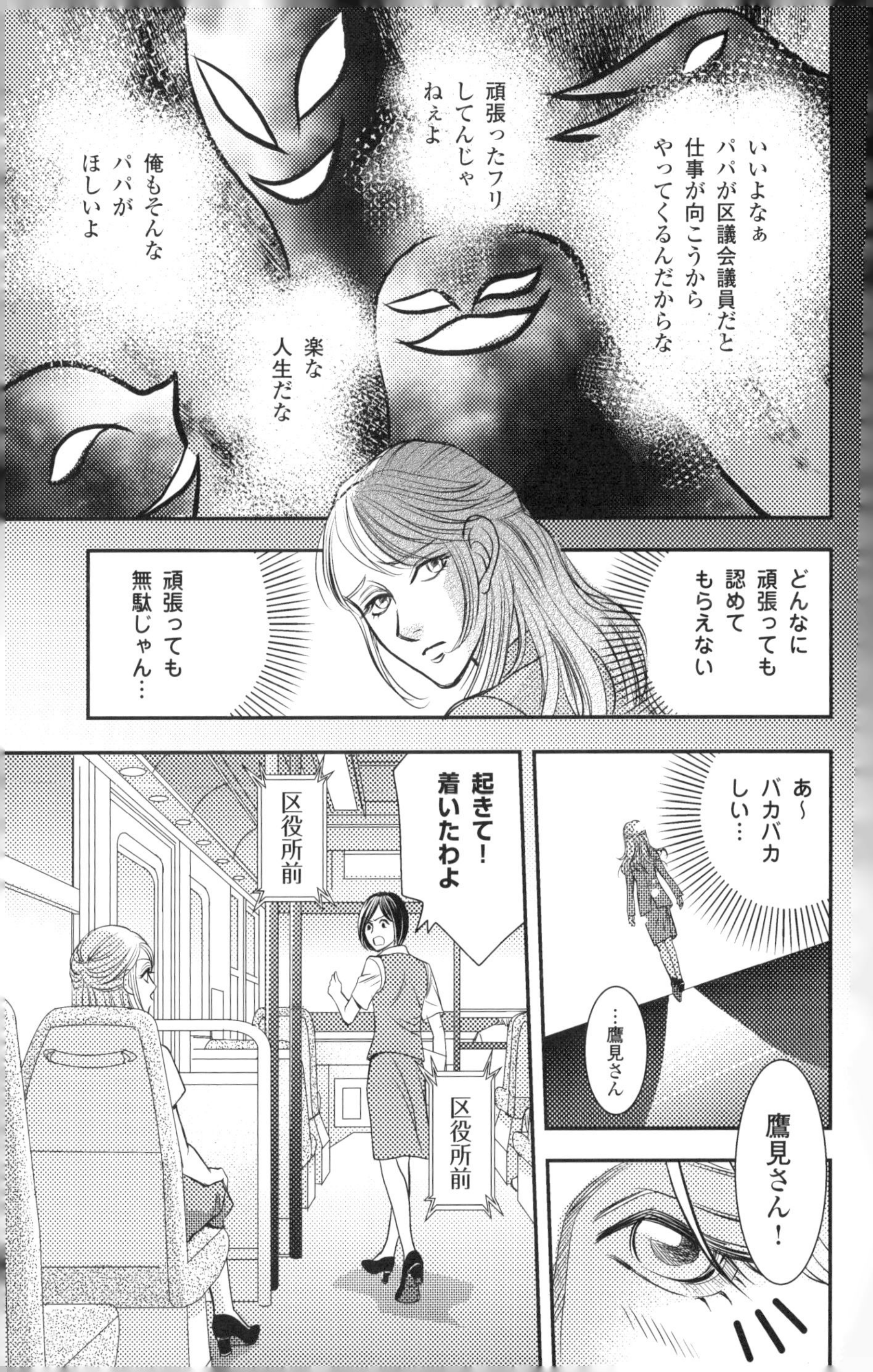
いいよなぁ
パパが区議会議員だと
仕事が向こうから
やってくるんだからな
頑張ったフリ
してんじゃ
ねぇよ
俺もそんな
パパが
ほしいよ
楽な
人生だな
どんなに
頑張っても
認めて
もらえない
頑張っても
無駄じゃん…
あ～
バカバカ
しい…
…鷹見さん
鷹見さん！
起きて！
着いたわよ
区役所前
区役所前

区役所前
区役所前
区役所で何するんですか？
はあぁ…
何を寝ぼけてるのあなたのアイデアで決まったんでしょ
あ
空き校舎の教室に会社を入れるとかどうかな？

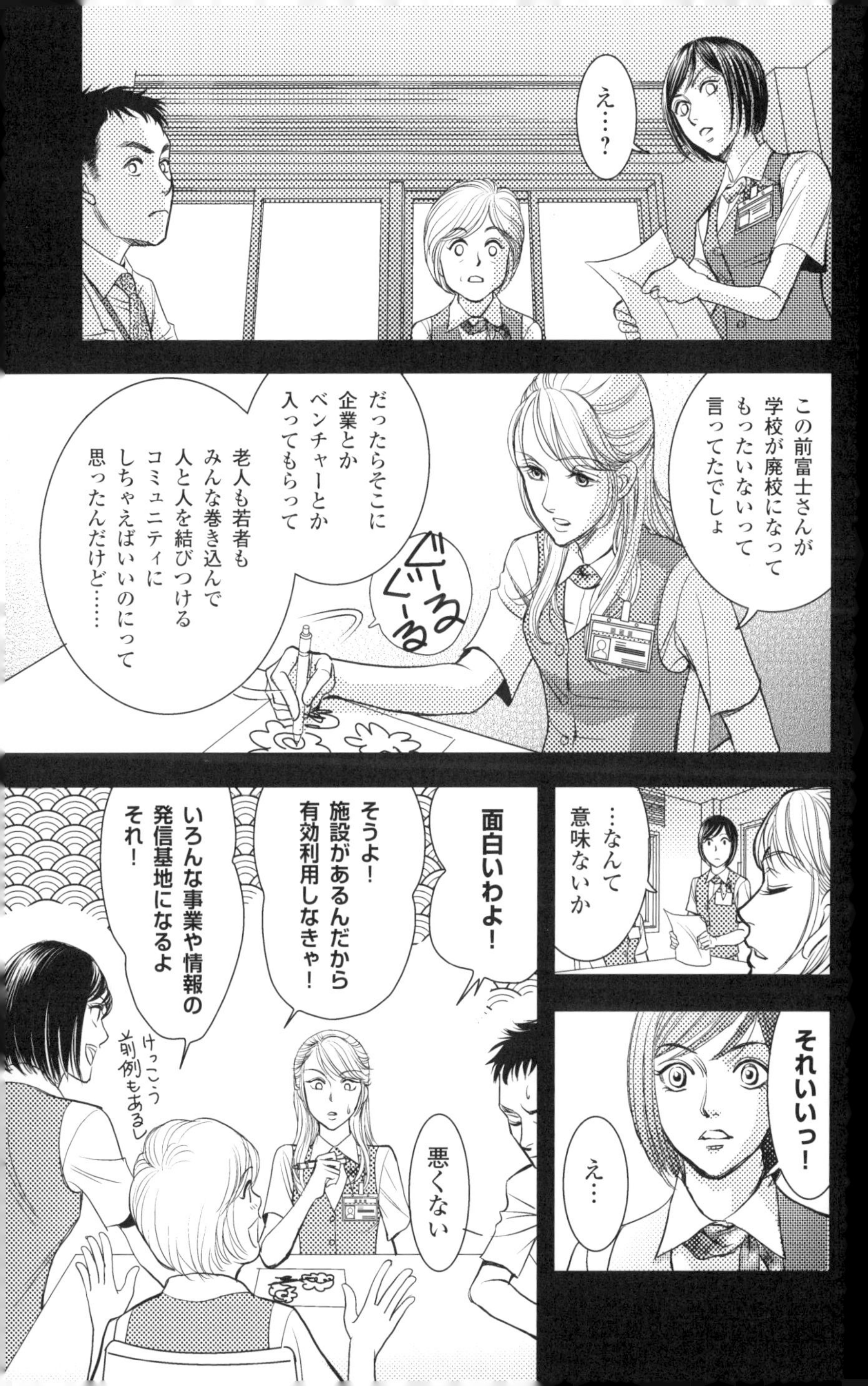
え…？
この前富士さんが学校が廃校になってもったいないって言ってたでしょ
だったらそこに企業とかベンチャーとか入ってもらって
老人も若者もみんな巻き込んで人と人を結びつけるコミュニティにしちゃえばいいのにって思ったんだけど……
ぐーるぐーる
…なんて意味ないか
それいいいっ！
え…
面白いわよ！
そうよ！施設があるんだから有効利用しなきゃ！
いろんな事業や情報の発信基地になるよそれ！
けっこう前例もあるし
悪くない

そのまま
廃校プロジェクトが
トントン拍子で
決まったんでしょ
あ～そうでした
自分が提案した
アイデアくらい
覚えていてよっ
まったく…
アイスクリーム
2つ
って
話を聞いて
ないしっ！
ほら行くよっ
はい
しおりさんの分
いらない!!
就業時間中よ
え～
真面目
ぺろ
イラッ
この子
本当に苦手
さっさと
終わらせたい
待って下さい
よ～～

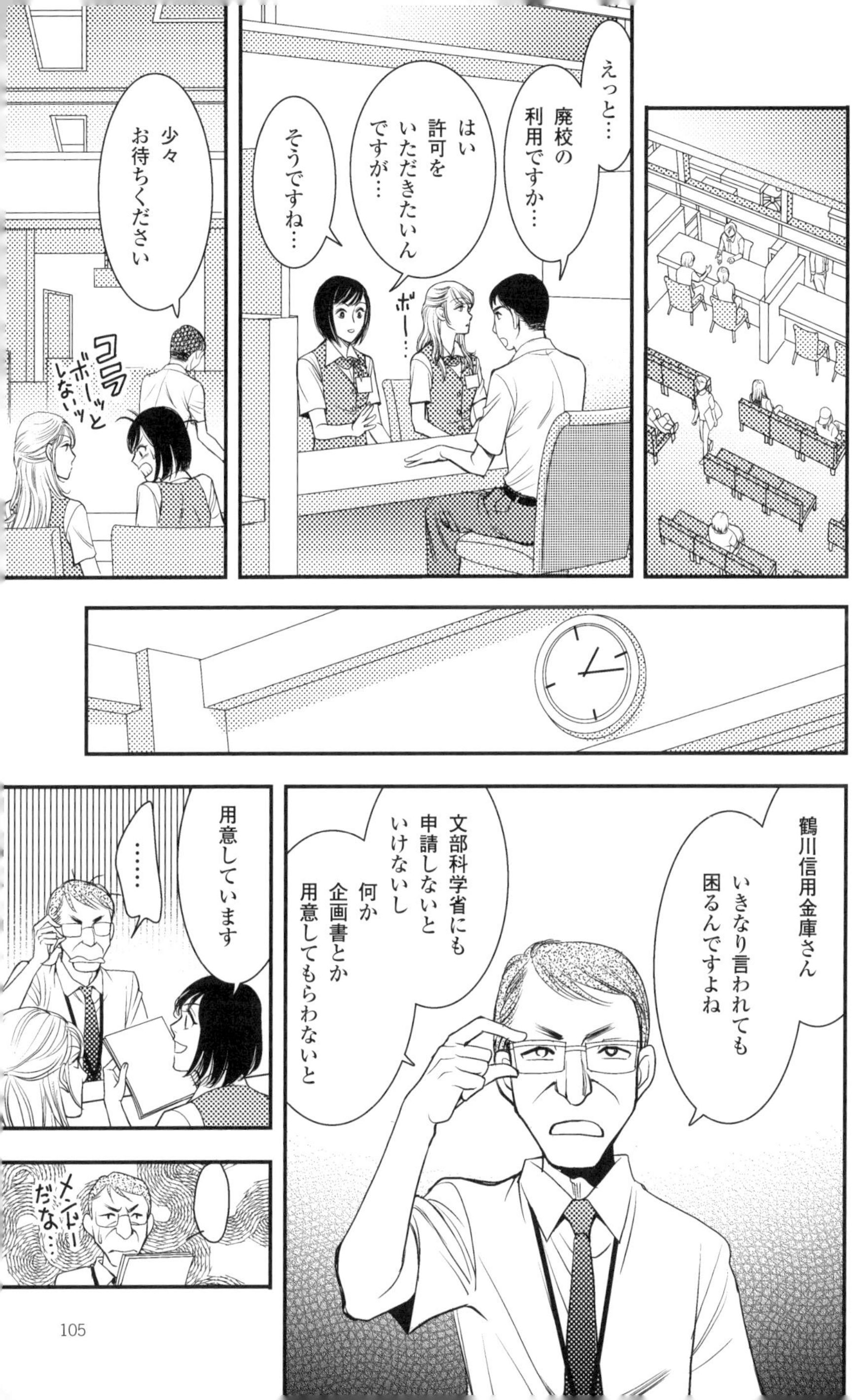
えっと…
廃校の利用ですか…
はい 許可をいただきたいんですが…
ボー…
そうですね…
少々お待ちください
コラ ボーッとしないッ
鶴川信用金庫さん
いきなり言われても困るんですよね
文部科学省にも申請しないといけないし 何か企画書とか用意してもらわないと
……
用意しています
メンドーだな…

ガタッ
いったん
お預かりします
え？
とりあえず一度
ご説明させていただけ
ないでしょうか？
いろいろと
忙しいんで
決まり次第
連絡します
あの…
できるだけ
早くお願い
します
いやいや
いきなり
そんなこと言われても
困るんですよ
自分達の都合
ばっかり主張
されてもねえ
ムカ
わ…わかりました
よろしくお願いします
数日後
もぉ！
いつになったら
連絡して
くるのよ！

そのうち連絡くるんじゃないですか
ガチャッ
そんな悠長なこと言ってちゃ企画が進まないのよっ
企画会議が長引いて時間がないのよ
あの…以前廃校の利用についてご相談したいと連絡したんですが
え…聞いてない？
課長さんに資料をお渡ししたんですけど…
もう一度区役所に資料を届けろだって
本当にお役所仕事って要領が悪くて腹が立つ…
若竹さんお茶
お茶ですね
何か怒ってる…？
いえ別にっ
……

頼まれた資料持って来ました
ごくろーさん置いといて
きっと新しい産業が生まれます
本当に企業集まるの
なによ作り直せって
おあずかりします
それだけ?!
しーん
半角でも全角でもいっしょだよ
キー
また呼び出しって
一体何回呼び出せば気が済むのよ
しおりさんこんなの時間のムダですよ
え
正面から企画を通すのやめときません?
もっとうまくやればいいんですよ

どういうこと？
こんなのパパにひと言言ってもらったらすぐに許可おりますよ
は？
何それ…
私のパパ区議会議員を5期やってるベテラン議員なんです
これくらいのことパパが口利けばすぐに通りますよ
ちょっと待ってよ…
そんなこと頼めるわけないでしょ
だって時間ないんでしょ？
いいじゃないですかそれのほうが早いし楽だし
努力したってしなくたって同じ効果が得られるなら楽な方がいいでしょう
やめて
もう言わないで
しおりさんめっちゃ大変そうだし
最近いつもイライラしてて見てて辛いんですよね
私に任せてくださいよ
区役所なんて一発でいうこときかせますから
あなたいつもそうやって生きてきたの？
え？

卑怯《ひきょう》よっ
だめ
そんなことじゃ
誰も認めてくれないよ
止まらない
私達は
人を救う仕事を
やってるの！
口利きなんて
使ったら
ヒーローに
なれないわよ！
ヒーロー…？
と…とにかく
正規の手続きで
進めます

そば処
…でがまんできずに怒鳴ってしまいました……
……
てやんでぃお前は間違ってない!
父親の力を使うなんて卑怯者だ
しおりちゃんはわかっているようだね
ん
なんだ?

正規のルートにこだわるのは私の価値観
すべての人の常識じゃないってことですよね
そうだね
あの時も怒るつもりはなかったんですけど……
イライラが溜まってて止まりませんでした
イライラする人やイライラする場所は意外と決まっているんだよ
え？
あー
確かに…
けど怒りのパターンを知っていれば心の準備ができる
え

アンガーログを つけてみないか?
日時
場所
出来事
思ったこと
怒りの強さ
アンガーログ?
アンガーログとは 怒りを記録する ことだ
怒りを感じた時に 日時や場所 起こった出来事 どう思ったか 怒りの点数を書き出す
日時
場所
出来事
思ったこと
あとは 冷静になって見直す
自分自身を客観視できるし 自分の怒りのパターンが 見えてくるんだ

いつものパターンだ
ぴゅう
スタコラサッサ
パターンが見えたら対応ができるし
その場を避けることもできる
…
なるほど…
けど…アンガーマネジメントを勉強し始めて怒ることも減ったんだけどな
とりあえずやってみます
そば処
竹寿庵
3日後
ばさっ
たった3日だよ
こんなに…
自分でもビックリです

情けないですね
こんなささいなことで
怒ってるなんて
しおりちゃんって
正義感が
強いんだね
え……
アンガーログを
見ると
ルールに反する
ことに
異常に反応している
下町の人間ですから
曲がったことが
嫌いなだけです
なかでも特に
鷹見さんへの怒りが
他の人に比べて
とても多い
やはり2人の間に
大きな価値観の壁が
ありそうだね
…
けど…それが
わかっても
どうしていいのか…

しおりさん
彼女と合わないのはわかったけど…
リーダーとしては避けるわけにはいかない…
しおりさん
しおりさん
だったらブレイクパターンを試してみないか？
ブレイクパターン？
なんですかそれ？強そうですね
いやいや強くないよ
人は無意識に特定のパターンにはまって繰り返すことが多い
そのパターンを自ら壊し悪循環を断ち切ることが目的の取り組みなんだ
それって何をすればいいんですか？
ニコ
とっても簡単さ
鶴川信用金庫
例えば駅までの道を変えてみるとかカフェでいつもの飲み物以外を頼んでみるとか利き手ではない手で食事をするとかね
ちがう道
今日はコーヒー
左だと水をこっちに置くと邪魔なんだ
確かにこれまで無意識だったことに気づける……
プル
プル
プル…
プル
ポロッ
あっ

コロ
コロ…
食べ物で遊んじゃダメですよ
パク
う…
梨花さんいたの…
区役所から連絡来た？
来ませんよ
はぁ
もう一度行って頼むしかないわね
また行くんですか？
それってヒーローにこだわってて企画が進まないじゃないですか
ガタン
だから…そんなこと言って……
同じ相手に同じ言葉で怒るパターンも
……
怒りもブレイクパターンしてみよう
ブレイクパターンで言葉を変えてごらん
言葉のパターンを変えるって…
「だから…そんなこと言って」
…を変えると…
「そんな悠長なこと言って」かな…
いや…
「そんなこと言って」って感じ…？
いやいや
「成功させるんだったら方法を選ばないなんて」
あれ……

梨花さんも
成功させるために
お父さんに
頼んでくれようと
しているってこと…
じゃん
正面から
企画を通すの
やめときません?
もっとうまく
やればいいんですよ
それって…
梨花さんも
プロジェクトを
成功させようと
思ってくれている
それって…
目的は同じ……
ありがとう…
え?
え?
な
なんですか
気持ち悪い
いやっ
あの…その…
……
けど……
あなたの言う通り
毎日毎日
区役所に行って
言われた通りやって
たらい回しに
されていたら
前に進めないのも事実
……

それってパパにお願いするってこと？
そ…そうじゃない
あなたの力を貸してほしいの
お父さんの力を借りる必要はないわ
あなたには私にないアイデアがきっとあるはず
廃校を利用するアイデアだってあなたからでたものでしょ
ピクッ
一緒に区役所から許可をもらえるように頑張れないかな
……
ガッ
タ
何かいいアイデアが生まれるはず！
無駄なの
え…

これまで
何を頑張っても
みんなパパの力だって
言われ続けた
自分で契約とっても
誰も認めてくれない
どうせパパに
たのんだんだろ
認めねぇよ
私のこと
なんて誰も
見てないの
だから
努力することが
バカらしくなって
今じゃ
なーんにも考えずに
パパ頼み
もうあきらめていたの
ピロン
パパ
新しい取引先
紹介して
了解
けど
びっくり
パパじゃなくて
私にモノを頼みたい
っていう変わった人も
いるなんて
それじゃあ!
けど
やっぱり
パパの力を
借りたほうが
いいと思う
え…

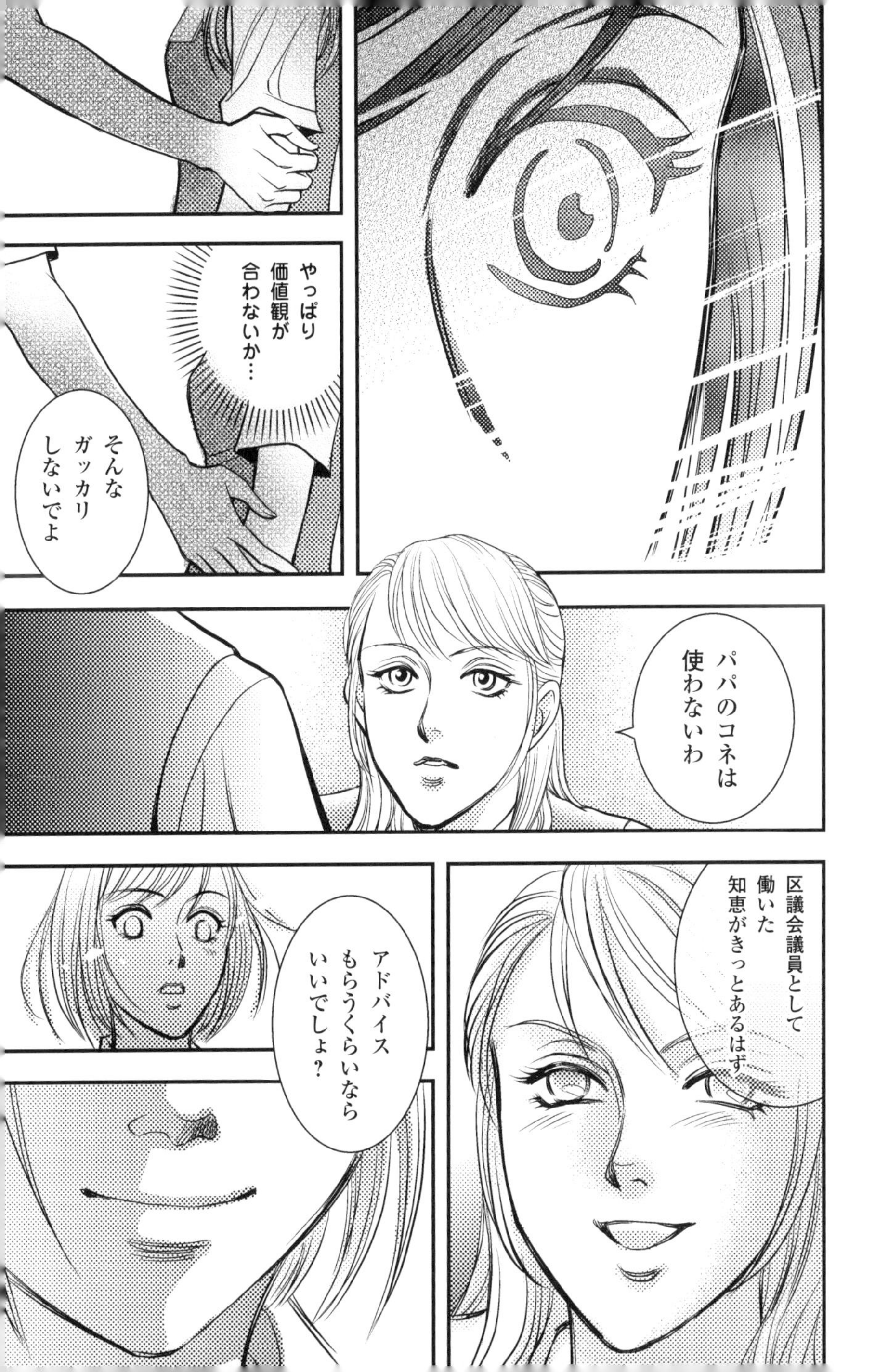
やっぱり価値観が合わないか…
そんなガッカリしないでよ
パパのコネは使わないわ
区議会議員として働いた知恵がきっとあるはず
アドバイスもらうくらいならいいでしょ？

梨花さんの気持ちに
気づけて
「父親を頼るべきではない」から
「父親のアドバイスをもらう」まで
許容ゾーンの輪が広がった
ふたりの価値観の輪は
重なり合えるんだ
で……
アンガーマネジメント
やってなければきっと
価値観の壁に
イライラして
いい関係が
作れなかったと
思います
それは
よかった
で……
区役所の方は
うまく
いったのかい？
それはもう
さすがベテラン区議会議員
面白いアイデアを
教えてくれたましたよ！
そば処
面白い
アイデア？

マスコミに取材してもらったんです
今回の廃校プロジェクト全力取材しているんです
そ…そうなんですかもうすぐ申請も終わりますよ
世間が注目しているとわかったらあっという間に許可がおりました!
なるほど!マスコミに叩かれるのを嫌うからな
けどよくマスコミが取り上げてくれたね
それはなんと松井くんの友人に読日新聞の記者がいたんです
あの松井くんが力を貸しくれるなんて雪でも降るんじゃないかな
へくしゅん
区役所は決まりそうでよかったけど…
はい
参加企業って集まってるの?
大丈夫なの?
え
忘れてた…

すぐに効く 7つのテクニック

01

怒りのピーク「6秒」をやりすごす！

ここまでみなさんには、アンガーマネジメントと怒りの仕組みについて学んでいただきました。続けてここからは、具体的に怒りをコントロールする方法をお伝えします。

怒りはアレルギーに似ていると言われています。アレルギーの原因はさまざまで、反応が出ること自体は悪いことではありませんし、人それぞれ症状や程度も違います。その対処法も、とりあえずアレルギーを抑える方法と、じっくりとアレルギー体質を改善する方法があります。これと同様に、怒りの対処法も、大きく分けて短期的（すぐに効く）、長期的（じわじわ効く）の2種類があります。

短期的な対処法は、アレルギー薬のようなものだと考えてください。即効性があって、その場で症状が鎮まり、体を楽にするという効果があります。つまり、すぐに使えて、怒りによる衝動的な行動を防ぐ方法です。しかし、あくまでも根本的な解決ではありません。

これに対して、138頁から紹介する長期的な対処法は、根本的な怒りにアプローチする方法です。即効性はありませんが、続けることでじわじわと効いて、確実に体質改善する効果があります。

どちらもそれぞれにメリットがあり、使い分けることが大切です。

では、まずは、すぐに効く7つの方法を紹介しましょう。

Part1でもお伝えした通り、「怒りのピークは長くて6秒」。怒りにまかせた行動をしないために、この「6秒」をやり過ごすための大切なテクニックです。

●6秒をやり過ごす!

1 スケールテクニック
2 カウントバック
3 コーピングマントラ
4 ストップシンキング
5 タイムアウト
6 グラウンディング
7 呼吸リラクゼーション

怒りのピークは6秒!

1 スケールテクニック

どんな方法?

怒りを感じたら、数値化する取り組み。

どんな仕組み?

怒りに振り回される理由の1つに、怒りが目に見えない、つかみどころのない点が挙げられます。だったら、そのあいまいな「怒り」を数値化して見える形にすればつかみやすく、対処法も出てくるというものです。例えば、気温や体温で想像するとわかりやすいですね。「午後から暑くなります」とだけ言われるよりも、「25度以上になる」と言われたほうが、服装も選びやすいでしょう。また、「なんとなく熱っぽい」にしても、「37度」「38度」などと具体的な数値が出てきたら対処法は変わってくるはずです。

やり方

怒りを感じたら、10点満点で、0点から10点までの点数をつけるだけ。

0	まったく怒りを感じていない状態
1〜3	イラッとするが、すぐに忘れてしまう
4〜6	時間が経っても心がざわつくような怒り
7〜9	頭に血がのぼるような強い怒り
10	絶対に許せないと思うくらいの激しい怒り

「電車が時間通りに来ない」
…1点　たいしたことないかも

「子どもの部屋がちらかっている」
…3点　まあまあの怒りかしら

「部下が同じミスを繰り返す」
…6点　けっこう怒っているな

点数をつけることに意識を向けることで、怒りの気持ちにストップがかかり、怒りにまかせた行動をしにくくなります。

点数化を続けて習慣化してくると、自分の怒りの傾向（パターン）もわかるようになります。

こんな人におすすめ!

特に怒りの強度が高い人におすすめの取り組みです。強度が高い人とは、一度怒りのスイッチが入るとあっという間にコントロールできないくらい怒りの程度が高くなって、気が済むまで怒り続けてしまうような人を指します。怒りの強度を数値化することで、「怒っている」「怒っていない」のどちらかだけでなく、怒りは幅のある感情だということが理解できるようになります。また、点数をつけてみると、自分が自覚しているほどは怒っていなかったとわかり、怒りにまかせた行動もしにくくなります。

2 カウントバック

どんな方法?

怒りを感じた時に、頭の中で数を数える方法。

どんな仕組み?

数えることに集中して怒りから意識をそらすことができる。

やり方

「1、2、3、4、5…」と単純に数え上げるのではなく、数字の大きいほうから、「100、97、94、91…」とカウントダウンします。ここでポイントになるのが、「3ずつ引く(数を飛ばす)」など、あえて少しやりにくくするという点です。無意識にできる単純なものだと、怒りながらも同時にカウントできてしまうからです。少し頭を使うくらいのほうが、数えることに意識が集中できる分怒りから気がそれて、衝動的な行動をしにくくなります。

ただし、いつも同じ数え方をすると慣れてしまって効果が薄まりますから、3の次は6ずつなどと、時々数字を変えましょう。

3 コーピングマントラ

どんな方法?

怒りを解き、怒りが和らぐような心が落ち着く言葉を言い聞かせる方法。

ま、いいか!

どんな仕組み?

たとえば、相手にカチンとくるようなことを言われたり、
されたりした時、怒りがおさまりそうな特定の言葉を
自分に言い聞かせます。
心が落ち着き、冷静な対処ができるようになります。

コーピングとは、ストレスの原因やその元になる感情に働きかけて、ストレスを取り除いたり、緩めたりすること。
マントラは、呪文のこと。
サンスクリット語で「言葉」を意味します!

やり方

「大丈夫」「たいしたことないな」「ま、いいか」などの
言葉でもいいですし、愛犬などペットの名前を唱える人もいます。
イラッとした時にすぐ思い出せるよう、
事前に言葉を用意しておきましょう。

4 ストップシンキング

どんな方法?

頭の中を一瞬真っ白にして、思考を停止させてリセットする取り組み。

どんな仕組み?

怒りがこみ上げてくると冷静な判断ができず、それがまた新たなイライラにつながることもあります。一切何も考えない瞬間を作ることで、心が落ち着きます。

やり方

「ストップ!」と心の中で唱えたり、頭の中を一瞬真っ白にします。この時は、原因も解決策も一切考えないようにします。落ち着いたところで、これからどうしようかを考えるようにしましょう。

どういうこと？
だから給湯室にあった舟和の芋ようかんは私が食べたって言ってるんです
は？
何それ…
たかがようかんで、ごちゃごちゃ言わないでくださいよ
もともと私の担当のお客様からいただいたんだし…
！
やばい！ 怒りが爆発しそう…こんな時は…
ストップ！
頭の中が真っ白…
あれ!? 私そういえばダイエット中じゃなかったっけ？
今度あんみつ買ってきますから今日のところは
やったー♪ あれ？ そういえばなんで怒ってたんだっけ？

5 タイムアウト

どんな方法?

その場をいったん離れ、感情をリセットする取り組み。

どんな仕組み?

この場にいるとイライラが募る、または誰かと言い争いになり、自分の感情がコントロールできなくなる、言い争いがエスカレートすると思った時、その場を離れることで、感情の流れをいったんリセットし、その場の雰囲気を悪化させないようにします。

スポーツの試合での「タイム」に試合再開があるように、怒った場面でのタイムアウトにも再開があります。

その場を離れている間の過ごし方にも注意。大声を出したり、何かにやつ当たりして発散すると、かえって怒りの感情が高ぶります。深呼吸をしたり、軽いストレッチをするなど心が落ち着くような過ごし方をしましょう。

やり方

その場を離れる時、相手がいる場合には「ちょっとトイレに行って戻ってくるね」と伝えるなど、必ず戻ってくることも伝えて離れるようにしましょう。

そのほか、「ちょっと冷静に考えたいから、10分くらいちょうだい」と、その場を仕切り直したり、電話で言い争いになりそうな時は、いったん切ってかけ直す提案をするのもいいでしょう。

6 グラウンディング

どんな方法?

今、ここに意識を集中する取り組み。

このペンの色は青
キャップの端っこが
少し欠けていて……

どんな仕組み?

怒りのエネルギーは強いため、「あの時、あの人にあんなことを言われた。思い出したらまた腹が立ってきた! いつか会ったら、なんて言おう」と思考が過去、未来へと行ったり来たりと暴走する人もいます。いわゆる「怒りに飲み込まれている」状態です。そのような時は、目の前にあるものを観察することに集中して、強制的に「現在」に意識を戻します。

やり方

例えば、ペンを持っていたら、ペンの色、インク量、キズがついていないか、ロゴなど何か書かれていないかなど、じっと観察することに集中します。ペンでなくてももちろんOK。携帯電話など、目の前にある何かを観察することで、今、ここに意識を集中させることができ、余計なことに思考を働かせることもなくなります。相手の怒りに振り回されることもなくなりますから、怒りまかせの行動を防ぐことができます。また、誰かに攻撃的にもの言われ続け、怒りがわいてきた時にも使えます。

7 呼吸リラクゼーション

どんな方法?

**怒りを感じた時に、
ゆっくりと腹式呼吸をして
気持ちを落ち着かせる
取り組み。**

どんな仕組み?

腹式呼吸をすることで、身体の緊張がほぐれたり気持ちをリラックスさせてくれる副交感神経の働きが高まったりして、興奮状態がおさまります。

怒りの気持ちもす〜っと抜けていきます。

やり方

鼻から息を吸って、いったん呼吸を止め、口からゆっくり吐く。これを2〜3回行います。吸って吐いての1回の呼吸に10秒〜15秒くらいかけるのがおすすめです 。

例えば、4秒で吸って8秒で吐くというように、吐く時間が長いほうが気持ちが落ち着きます。

02 21日間で怒りっぽい人を卒業する

中長期的に取り組んで体質改善をする！

ここまでは、とっさの怒りに効く、短期的で即効性のある対処法を紹介してきました。一方、ここから紹介するのは、じわじわと効いて体質改善をもたらすような、中長期的な取り組みです。

アンガーマネジメントは心理トレーニングと言われています。つまり、いくら知識や情報詰め込んでも、できるようになりません。実際に使えるよう身につくまでにはトレーニングが必要です。

さて、ではどのくらいの期間トレーニングを続けると、できるようになるのでしょうか？

じつは、**人が新たな習慣を身につけるには、めやすとして21日間が必要だと言われています**。たった3週間とはいえ、毎日続けるのは人によってはキツイこともありますね。内容が難しかったり、特別なツールが必要だったり、トレーニングのタイミングや場所が限定されていたりすると途中であきらめてしまうかもしれません。

でも、安心してください。ここから紹介する5つの方法は、どれも簡単で、思いついたその場で取り組めるものばかりです。

無理なく生活に取り入れられますから、まずは3週間続けてみてください。140頁から具体的に1つずつ説明します。

●習慣化に必要な期間は21日間（3週間）

1. アンガーログ
2. べきログ
3. ハッピーログ
4. ミラクルデイエクササイズ
5. ブレイクパターン

21日間は意識的に「やってみる」

日	月	火	水	木	金	土
		1	2	3	4	5
6	7	8	9	10	11	12
13	14	15	16	17	18	19
20	21	22	23	24	26	27
28	29	30	31			

3週間すぎたら習慣に

1 アンガーログ 長期

どんな方法?

**怒り(アンガー)の
記録(ログ)をとる方法。**

どんな仕組み?

なんだかわからないけどイライラする、なんだか腹立たしい、モヤモヤする……。そんな怒りは、じつは原因がわからないだけに対処しにくいもの。また急にキレてしまう恐れもあります。

日記のように、毎日の怒りを記録していくことで、つかみどころのない怒りを客観視できるようになり、自分の怒りの傾向もつかめるようになります。

書き方は自由です。専用のノートを用意してもいいですし、スケジュール帳、日記帳、スマートフォンのノートを活用するのもいいですね!

やり方

日記をつける要領で記録していきます。
アンガーログをつける時のポイントは次の3つです。

①その場で書く。その場で書けない時は後でもいいがあまり時間をおかない
②怒りを感じたらその都度書く
③書いている時に分析はしない

どういう出来事があったのか、事実を書く

日時	○月×日
場所	職場
出来事	なかなか返事が来ないので電話したら、職員に、話は聞いていない、区役所に資料をもう一度届けろと言われた!
思ったこと	お役所仕事は要領が悪くて腹が立つ。あの課長、前に会った時からしっかり対応してくれていない感じがした。
怒りの強さ	4

どのように思ったのか、感じたのか

10段階で評価
(スケールテクニック)
→126頁

もう一度区役所に資料を届けろだって
本当にお役所仕事って要領が悪くて腹が立つ…

2 べきログ 長期

どんな方法？

自分の「べき」を洗い出して、怒りの元は何かを知る取り組み。

このこだわりは私だけ??

どんな仕組み？

怒りは自分が信じている「べき」が思い通りにならないために発生します。また、やっかいなことに、「べき」の基準は人それぞれ違うため、裏切られたり、その通りにならないことが多いものです。つまり「べき」は自分にとっては真実でも、すべての人にとっての真実ではないということ。

「べき」がわかれば、怒りの原因は何か、いつ、どこで、どのような場面で、どの程度の怒りが生じるのかもわかるようになります。このように「べき」と向き合うことで、怒りと上手に付き合えるようになります。

まずは「アンガーログ」をつけてみて、1週間くらいしてからのほうが、気づきが多いはず。

やり方

イライラすることが多い時には、自分が日頃信じている「べき」を洗い出してみます。普段自分が「当たり前」だと思っていること、「こうあってほしい」と期待することを言語化してみます。

「べき」を書き出したら、自分にとっての重要度合いを1から10までの数字でつけてみると、どのような「べき」を重要視しているのか、その通りにならないとどの程度の怒りが生じやすいのかがわかるようになります。

さらに、それぞれの「べき」の境界線は明確か、自分の「べき」を周囲の人に具体的に伝えているか、すべての人に通じる「べき」なのか、許容範囲を広げることはできるかについて振り返ってみましょう。

自分のべき	低 ← 重要度 → 高
メールは24時間以内に返信するべき	1 2 3 4 5 ⑥ 7 8 9 10
玄関で脱いだ靴はそろえるべき	1 2 3 4 ⑤ 6 7 8 9 10
バスタオルは1日1回取り替えるべき	1 2 3 4 ⑤ 6 7 8 9 10
迷惑をかけたら謝るべき	1 2 3 4 5 6 7 8 ⑨ 10
電車内で携帯電話で話すべきではない	1 2 3 4 5 6 ⑦ 8 9 10
会議には5分前に集合するべき	1 2 3 4 5 ⑥ 7 8 9 10
挨拶は目を見てするべき	1 2 3 4 5 6 7 ⑧ 9 10

あれもこれもログをとろうとすると負担になりそう！ 無理は禁物ね！

3 ハッピーログ 長期

どんな方法?

うれしかった、よかった、ラッキーなど、「ハッピー(幸せ)」だと感じることを記録する方法。

どんな仕組み?

あなたの生活を振り返ってみると、怒りを感じたり、イライラすることばかりではなく、うれしかった、よかった、ラッキーだと思ったこともあるはずです。
ハッピー(幸せ)だと感じることにも目を向け記録をとると、身近でささいなことにも幸せを感じられるようになります。

ある人は、ハッピーログをつけ、とうとう100個リストアップできたそうです。毎日自分の思い通りにならずにイライラすることばかりだと思っていたけれど、身近なことに幸せを感じられることがわかり、怒りやストレスが減ったと話してくれました。

やり方

フォーマットは自由です。アンガーログと同じように書きやすいものに記録をしていきましょう。下は一例です。

- □ カフェで飲んだカフェラテが美味しかった
- □ 後輩の仕事を手伝ったら「ありがとうございます!」と思っていた以上に感謝された
- □ 朝の目覚めがとてもよかった
- □ 髪型がバッチリきまった!
- □ 朝の通勤電車で座れた
- □ 仕事が段取り通りに進んだ
- □ 取引先から、「あなたにお願いしてよかった」と言われた
- □ お風呂にのんびり入ることができた
- □ マッサージに行く時間ができて、とても身体が楽になった

4 ミラクルデイエクササイズ 短期

🫖どんな方法？

アンガーマネジメントで解決したかったことがすべて解決できている“奇跡の日（ミラクルデイ）”をイメージするテクニック。

こんな日が来たら!!

🫖どんな仕組み？

怒りを感じると、そのことで頭がいっぱいになって「いつかあの人に会ったらこう言ってやる!」「仕返ししてやりたい!」というように、その怒りによって、よくない未来を描いてしまうこともあります。でも、本来のぞんでいるのは、そんな自分ではないはずですね。ついネガティブな方向に思考が向かい、“よからぬ未来”を描いてしまいがちな人には特におすすめの取り組みです。

どんな状態になっていたいかを具体的にイメージすることで、本来目指す方向がわかり、モチベーションもあがります。

また呼び出しって
嫌味のひとつも言わないと気がすまない!

やり方

まずは次のシチュエーションを具体的にイメージしましょう。

> 朝起きたらアンガーマネジメントで解決したかった問題が解決できている奇跡の日が訪れました。

続けて、次の質問に対して、具体的にイメージを思い浮かべ、回答を書きましょう。

- □ 最初に誰が変化に気づく?
- □ 行動に現れる変化は何?
- □ なんと言われる?
- □ 自分自身はどのようなことを感じる?
- □ どのような光景が見える?
- □ 奇跡の日を10とすると、今年一番10に近い日はいつ?
- □ その日は誰といた?　何をしていた?

具体的にすればするほど、目指す姿がはっきりして、実現しやすくなります!

5 ブレイクパターン 短期

どんな方法?

いつも無意識に
繰り返している話し方、
行動のパターンを
あえて壊して
悪循環を断ち切る取り組み。

どんな仕組み?

あなたはいつも同じようなことで、同じ相手に同じ言葉で怒り、結末も、そして味わう気持ちも同じになるというようなパターンを繰り返していませんか。

人は無意識に特定の行動パターンにはまり、繰り返すことが多いものです。それは、怒りのパターンも例外ではありません。それをあえて壊すことで流れを変え、怒りのパターンを変える方法です。

意識してパターンを変えることで、行動自体を変えるトレーニングになります。
また、自分が普段、無意識にしているパターンに気づき、洞察力を高めたり、負のサイクルに陥らないための柔軟性を高めることにもつながります。

やり方

まずアンガーログから、いつものパターンを見つけます。

例えば、催促しないと報告をしてこない部下に対して、「何やってるんだ！ 報告はちゃんとしろっていったじゃないか！」と叱っていたというパターンに気づいたら、いつもの言葉を「報告はすぐにしてくれよ」に変えてみるということです。

こちらのパターンを変えてみると、相手の出方が変わり、いつものパターンではなくなる可能性があるということです。また、そのような変化に柔軟に対応できるよう、行動を変えるトレーニングをするのもブレイクパターンに含まれます。

- 通勤に使う駅までのルートを変えてみる
- 電車に乗る時にいつもと違う車両に乗ってみる
- カフェでいつもと違う飲み物をオーダーしてみる
- 利き手ではない手を使ってみる
- PCのマウスを持つ手をかえる
- ドアの開閉の際、ノブを持つ手をかえる　など

**いきなり利き手ではない手で
食事をするのは難しいので、
飲み物をかき混ぜる時、
スプーンを持つ手などで
試してみるのもOKです！**

利き手ではない左手で箸を使うしおり。

Column 3

「ちょっと気になること」は本当にただの「小さなこと」?

アサーティブコミュニケーション（Part 3参照）やアンガーマネジメントをテーマにした研修を担当すると、「気になる“小さなこと”をどのように伝えたらいいのか」という相談や質問を多くいただきます。いくつか例をご紹介しましょう。

「新入社員が自分のことをあだ名で呼ぶ！ 同期や先輩でもないのに……。あだ名で呼ばないで！」（入社３年目男性）
「上司が頻繁に取引先のお客さまの社名を間違える。お客さまの前で間違えたら大変！」（営業20代男性）
「指導している新入社員が声に出して挨拶せず、頭をちょっと下げるだけ！　毎朝、気になる」（新入社員 OJT 担当20代男性）

私からは、「気になっているのだから、素直に『今後は～してほしい』と伝えてみたら？」とアドバイスするのですが、驚いたことに、みなさん、一様に表情を曇らせ「でも……、そんな小さなことにこだわる人間だと思われたくない」と言うのです。

人は「気になっている」くらいのことは過小評価しがちですが、じつは自分にとって「大切なこと」が多く含まれていることが多くあります。ですから、相手からどう思われるかを気にして「自分にとって大切なこと」を言わずに溜めるのは、決してよい結果を生みません。さらに、心の中で「小さなことだと思われるかも」と考えていることは、間違いなく相手にも「小さいこと」として伝わってしまうものです。

自分に素直になって相手に向かい合い、「小さなこと」だけど自分にとって大切な「気になること」を伝えてみませんか。

俺にもそれ教えてくれ
じつは俺も感情がうまく伝えられないんだ

うん知ってる◎
何っ

Part 3
怒りを上手に伝える

松井くん
参加団体ってまだこれだけ？
全然集まってないじゃん……
Story 3
あなたと私は似たもの同士
仕方ないだろ賛同者がいないんだから
プルプル
ようやく校舎使用の許可も取れたのに……
どういうことっ ちゃんと責任感を持ってやってよ
……

そっか
それじゃあ今後 どうしたらいいのか 対策を練りましょう
……
以前なら まくしたててたのに
あの頃から 軽くいなされる…
まるで人が 変わったよう
みなさん ようやく校舎の 使用が認められました
どうしてだ？

俺のほうが優秀なはずなのに…
富士さんは主婦で出店を考えている人達を攻めてください　鷹見さんはベンチャー方面にアプローチしてみてください
はい
りょうか〜い
あいつのせいで最近何もかもうまくいかない
松井くんはお得意さんが多い老舗店をメインにもう一度話をしに行ってください
え
松井くん聞いてた?
わかってるよ!
みなさんよろしくお願いします
…
ガタ
最近しおりちゃん変わったよね
え…
心が強くなったというか
リーダーになって貫禄が出てきたし
鷹見さんともいい関係になったよね
そうですか
それに比べてあなたは…

カッコ悪いかな
どういうことですか？
初めはあなたがリーダーじゃないことが意外だったけど
いまは選ばれない理由がわかるわ
…
おれがサボっているって言うんですか⁉
参加団体を集めるのはそう簡単じゃないのは知ってるわよ…けど
松井くんには人として魅力がないのよ
は⁉

いつもイライラしてるし
人の話聞かないし
いつまでも選ばれなかったことを根に持ってウジウジしてるし
もしこのままあなたが参加団体を集めてこなくても
きっとあの子が自分で集めちゃうわよ
あなたと違って助けてあげたくなる魅力があるのよね
!!

何…
どうしたの？
冗談はやめてくださいよ！
参加者くらい俺1人で集めてみせますよ!!

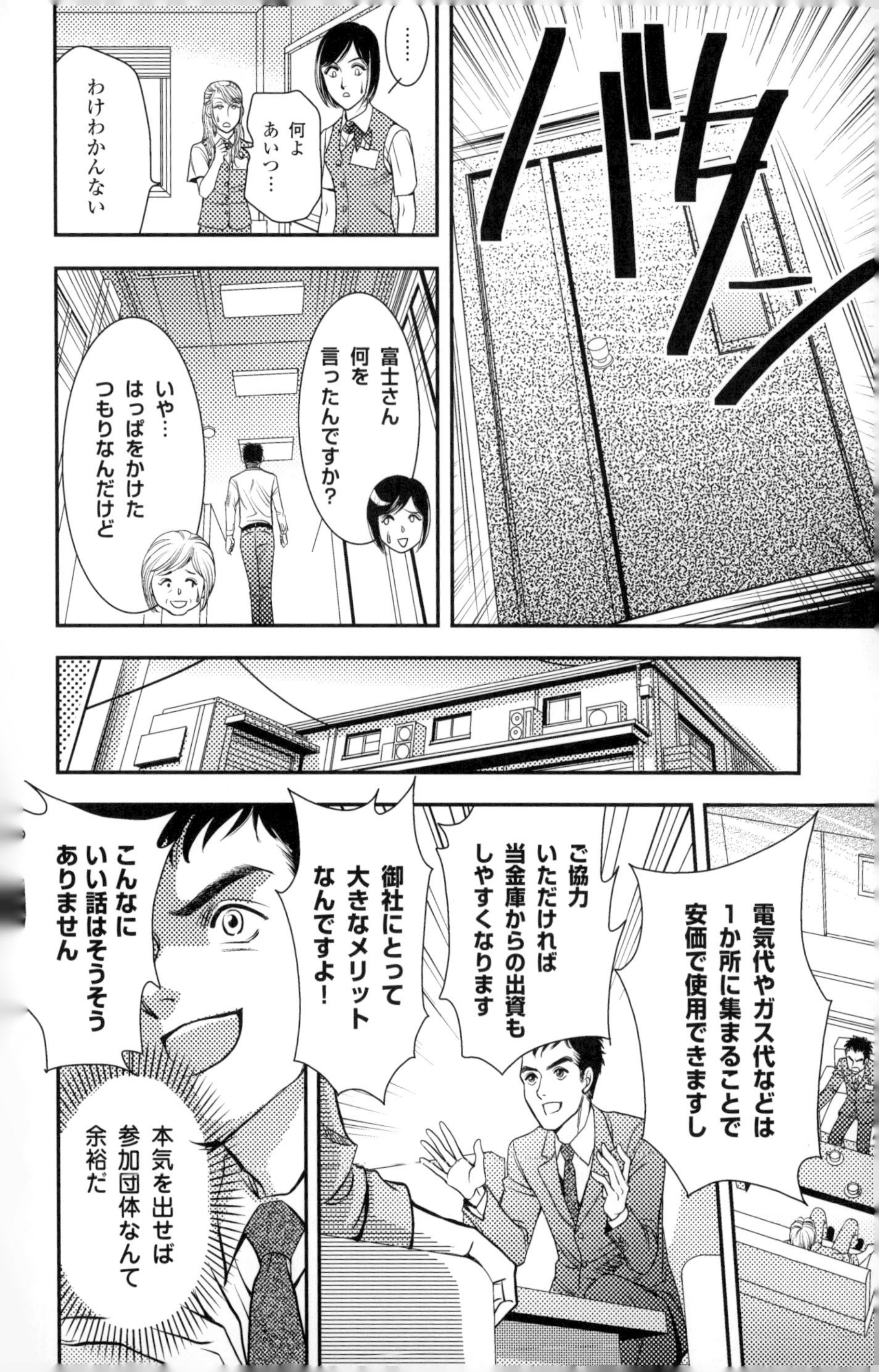
バタン
……
何よ あいつ…
わけわかんない
富士さん 何を 言ったんですか?
いや… はっぱをかけた つもりなんだけど
電気代やガス代などは 1か所に集まることで 安価で使用できますし
ご協力 いただければ 当金庫からの出資も しやすくなります
御社にとって 大きなメリット なんですよ!
こんなに いい話はそうそう ありません
本気を出せば 参加団体なんて 余裕だ

うちは
いいかな
！
え……
どうしてですか
もっと会社大きく
したくないんですか？
チャンスじゃ
ないですか⁉
もったいない
ですよ‼
今のところ
必要ないんだ
それより君
押しつけ
がましいよ
ガチャン
こんなにも
いい話を
どうして
蹴れるんだよ！
意味
わかんねぇ
よっ‼

警告
立入禁止
くそっ
全滅かよっ
人がせっかく
駅にも近くて
集客効果もある
商売しやすい場所を
紹介してやってるのに
なんだあの態度?
ガタン
ん…
ガラガラ
誰だ
あいつ

こら
立ち入り
禁止だぞ！
出てけ！
ビクッ
ー
大きな声
出さないでよ
！
そんな言い方したら
トラブルに
なりかねないでしょ
あー
びっくりした
若竹!?
ものの言い方を
気をつけないと
余計ないざこざが
起きるよ
何だと
てめー
何だ
コラ
前にも言ったけど
相手の価値観を
尊重して話をすれば
スムーズなのに
は？

余計なお世話だ
それより仕事サボって何をしてんだよ
仕事で来たに決まってるでしょ
廃校になんの仕事があるんだよ?
あなたと一緒にしないで
教室の様子を見にね
へ
子どもの頃ずっと通ってただろ
いまさら何を把握する必要があるんだよ
子どもの頃といまでは見え方が全然違うでしょ
背丈も経験も価値観だって変わるんだし
だからもう一度ちゃんと確認しておかないとって思ってね
……

頭でっかちのまま
机の上で
判断するよりも
手足を動かして
場所に合った
業種にアプローチ
していかないとね
人間関係と
同じよ
相手のことを
考えてPRしないと
プロジェクトに参加
してくれないじゃん
立地がいいから
黙ってても
集まると思ってた
わー
なつかし
一年四組だ
…
若竹
なんか
変わったな
え？
何が変わったのか
よくわかんねぇ
けど……
プロっぽく
なったというか

ほんと？
やったぁ
松井くんを
認めさせた！
しまった！
純粋に
褒めてしまった
じつはアンガー
マネジメントを
勉強をしたおかげよ
アンガー
マネジメント…？
なるほど
ずるいぞ
え……
俺にもそれ
教えてくれ
じつは俺も感情が
うまく
伝えられないんだ
うん
知ってる◎
何っ

だって
タイプは違うけど私と松井くんは似てるもん
どこがだよ!?
カッ カッ
受け売りだけど感情をうまく伝えられない人には5つの特徴があるんだよ
それがこれ
1.怒りを他の「人」「こと」のせいにする
2.すべての人に好かれようとする
3.自分の感情を把握できていない
4.怒りを溜め込みある日突然爆発させてしまう
5.言いたいことをなんでも言ってしまう
じゃん
う……何個か当てはまる……
1 5
私もほとんど当てはまってた
1 2 3 4
…
でどうしたらいいんだ?
それはね……

感情を うまく伝えるには いくつかの 方法があるんだ
自分にとって 境界線を理解するって やつですか？
それも ひとつだね
ほかには 感情を伝える言葉の 引き出しをたくさん持つ
これができると 誤解なく相手に気持ちを 伝えることができるだろ
あほ
バカ
ムカつく
ニュアンスを 伝える
ちょっと傷ついた わかってもらえなくて 悲しい
だからぁ 言ってる じゃん
相手に怒りを ぶつけて 打ち負かそうとせず
わかってもらう ことを 目的とする
と言う ことなん ですよ
そして 時には聞き流す
相手が怒りをぶつけてきたり こちらが不快に思った時 過剰に反応せずにスルーする そうすれば イライラしなくてすむでしょ
ちゃんと会議仕切れよ できないリーダーは 認めないぞ
なんなら オレが
オラ オラ
はい はーーい
なんで オレ なんだよ

最後に…
「自分の当たり前」に固執しない
そういえばこの前も…
自分の価値観を否定される恐怖を
怒りでごまかしていました
価値観に固執しないってことか
なんだわかってるじゃない
私はね自分を抑えて相手を立てる非主張的タイプだったの
意見を言わず波風を立てないようにしていたし何を言ってもわかってもらえないと諦めていた
とりあえず笑ってます
非主張

一方あなたは
相手を抑えて
自分を通す
コラア
攻撃的なタイプ
相手より自分が
優位に立とうとするし
勝ち負けで
物事を決めようとする
ふざけるなーッ
攻
それだとお互い
コミュニケーションが
上手にはなれない
確かに俺ら
似てるな……
だから私達は
アサーティブを
目指さないと
いけないの！
アサーティブ
ってなんだ？
なんで
先生みたい
なんだ…
アサーティブとは
お互いの主張や
立場を大切にする
伝え上手
まあ
まあ
話し合い
ましょう
本当に伝えたいことを
具体的で
シンプルに伝える
そして会話の
キャッチボールをしながら
一緒に問題解決する
アサーティブ

つまりお互いが歩みよって双方気持ち良く折り合える点を模索するのよ
話し合うとみんな納得
そんなことできるのか…
誰だってできるわよ私だってでき始めたんだから
…
いままでは富士さんと鷹見さんとわかり合えるようになったのよ
…
若竹
ガタッ
ん
俺もお前みたいに変わりたい
アンガーマネジメントを教えてくれるか？

仕方ないわね
21日であなたも
アンガーマネジメントが
身につくようにしてみせるわ
ありがとう
警告

だからっ
しつこいなぁ
君は!
前にも学校の教室は
必要ないって
言ってるじゃないか
ちょっと
待ってください!
ザッ
難しい提案だと
思いますが
長い期間培った技術を
これまで以上に
多方面で活用して
いただきたいんです!
ベンチャーや
老舗企業なども
参加する予定です
ん
我々は
新しい化学反応が
起こることを
期待しています
しかしな…

もっと話し合えませんか?
きっと何か折り合えることがあるはずです!
く
!
がっはっはっは…
なるほど話し合うか
いきなり参加はできないが話し合って期待できそうなら
参加させてもらう それでもいいかな
ありがとうございます!

松井くんの追い込みはすごくようやく教室が埋まった
その後もみんなの協力により準備は着実に進み
ようやく廃校再生プロジェクトはスタートを切ることになった
ココロつながりラボ

感情をうまく伝えられない人の5つの特徴

01

さて、ここに来て、ストーリーに大きな変化が訪れました。

屈折した態度をとり続けていた同期の松井としおりとの距離がぐっと近づきましたね。

しおりが言う通り、もともと2人は似たもの同士で、感情をうまく伝えられないだけだったようです。

つまり、一次感情や本来わかってもらいたい気持ちを相手に伝えられないため、怒りという形でしか相手に気持ちが届かなかったのです。

このパートでは、怒りを含め、相手に自分の感情を上手に伝える方法を紹介します。まずは、しおりが松井に説明していた「感情をうまく伝えられない人」の5つの特徴をもう少し詳しく見てみましょう。

⇩ 1．怒りを他の「人」「こと」のせいにする

怒りは他の誰でもない、自分が生み出した感情です。それに気づかず、自分がイライラする原因はすべて「人」や「こと」にあると思い込んでいます。例えば、イライラした

り、うまくいかないと感じた時、「高圧的なものの言い方をする上司のせい」「子どもが言うことを聞かないせい」「ミスを繰り返す部下のせい」などと思うことはありませんか?

どんな出来事も、どう受けとめるかは自分次第です。「人」や「こと」のせいにしても怒りは消えません。また、「人」や「こと」は少しのことでは変わりませんから、「変わらない」ことに対してもイライラして、もとの怒りがさらに大きな怒りに「育つ」可能性すらあるのです。

⇩2.すべての人に好かれようとする

「こんなこと言ったらどう思われるかな」「相手にどう反応されるかな」「嫌われたくないな」、こんなふうに、常に目の前の相手や他人の目が基準になっていることはありませんか? こういった傾向があると、無理に相手に合わせて同調したり、本当に言いたいことを飲み込んでしまったりするため、自分の感情を伝えられません。

ですが、**いい顔をすることと、いい関係を築くことは違います**。自分がどう感じたのか、相手に何をわかってほしいのか、まずは「自分」を大切にしてください。

⇩3. 自分の感情を把握できていない

自分の気持ちと正直に向き合わず、すぐに怒りで対応したり、「なんかイライラする」などとあいまいなまま放っておくと、いつまでたっても自分自身の感情を把握できません。当然、自分がわかっていないことを相手に伝えることはできませんね。

「さみしい」「悲しい」「しんどい」「心配」「不安」など、自分がどう感じているのかを意識してつかむ習慣を身につけましょう。

⇩4. 怒りを溜め込みある日突然爆発させてしまう

相手に伝えられなかったなど、自分自身でうまく対処できなかった怒りを心の中に溜め込む人がいます。そのフツフツとした怒りがいつのまにか大きなシコリのようになり、心と身体にダメージを与えることがあります。

加えて、怒りを抱えきれなくなると「なんでわかってくれないんだ‼」と爆発し、周囲を戸惑わせます。その後、冷静になると自己嫌悪に陥るのもよくあるパターンです。

⇩5. 言いたいことをなんでも言ってしまう

相手がどう思うかを配慮することなく、感情まかせに自分の言いたいことを言い、つい余計なことまで口走ってしまうタイプです。

相手に自分の気持ちを理解してもらうためではなく、不満のはけ口として感情を垂れ流すので、相手を傷つけてしまったり、本当にわかってほしいことが伝わらないままになってしまいます。

あなたって
何もわかって
ないよね!
そういう
とこが
イヤなんだ!
どうせ
自分のことしか
考えてない!
ホント
最低だよね!

コミュニケーションの3つのタイプ

02

相手も自分も大切にした自己表現を目指す

アンガーマネジメントでは、「怒ってもいいけれど、適切な怒り方をしよう」とお伝えしています。

「適切な怒り方」がどんなものか理解するのに活用できるのがアサーティブコミュニケーションの考え方と伝え方です。

アサーティブコミュニケーションとは、相手も自分も大切にした自己表現方法です。

自分や相手の感情に振り回されることなく、相手と対等に向き合い、率直に、問題解決を目指して話し合うことを目指します。

コミュニケーションのタイプにはアサーティブなものを含め攻撃的タイプ、非主張的タイプの3つがあります。あなたはどれに当てはまることが多いかチェックしてみてください。

攻撃的タイプ

相手を抑えて自分の言いたいことを通す自己表現をするタイプです。

特徴

自分が優位に立つために、解決に向けて相手と話し合うのではなく、相手をコントロールし、ねじ伏せようとします。コミュニケーションのゴールは勝つことだと考えているため、相手の意見や要望が自分と違うとわかった瞬間にスイッチが入ったように攻撃的になる人もいます。

コミュニケーションのスタイル

・自分の言いたいことを一方的に言う
・威圧的、感情的なものの言い方をする
・相手の気持ちを無視して、自分の要求を押し付ける
・理詰めで追い込む
・思い通りにならないとやつ当たりする

このタイプは、自分の思い通りにならないと、声を荒らげ「いいからやれ！」と怒りの感情を使って威圧的に相手を抑え込もうとします。「私の命令がきけないのか」と言わん

ばかりに職位や立場のパワーをちらつかせたり、「これは決まりですから」と制度を盾にして、ねじ伏せようとしたりします。

また、相手が反論できないよう、真綿で首を絞めるように相手を追い込んだりもします。例えば、部下を叱る時には「今回のミスは前もしたよね？」から始まり、部下が反省の言葉を口にしても、「前も謝って気をつけると言ってたけど、それから気をつけた？ 注意が足らないから同じこと繰り返すと思わない？」などと、言葉を重ねて相手を追い詰めるような言い方をしたりします。

怒りを表現する時に、なぜ怒っていたのか、どのような気持ちだったのか、今後どうしてほしいのかを、相手を傷つけ、打ち負かすような形で表現してしまいます。

さらに、思い通りにならないとやつ当たりするケースもあります。例えば、部屋を出ていく時に、わざと大きな音を立てて出て行く人を見たことはありませんか？ 舌打ちしたり、イヤなため息をついたり、パソコンのキーボードを不機嫌そうに叩いたり、時には関係ない人にやつ当たりのようにイライラをぶつけるなども同様です。

夫婦共働きなのに夫が食後の洗い物を手伝わず、気楽にテレビを見ていると腹が立って、わざと音を立てて食器を洗ったり、「はぁ〜〜」と、聞こえるようにため息をついてしまう、という女性の話も聞いたことがあります。

「お皿を洗うのを手伝って」と言えばいいところを口に出さず、心の中で「ふつう、言わなくても手伝うべきよね」「なんでテレビなんて見ているかな。私なんて仕事から帰ってきて食事の仕度して疲れているのに……。信じられない！」と相手を責め続けているのが、皿がぶつかる音や、これ見よがしのため息に現れてしまうのです。これが繰り返されると、相手からは「できれば関わりたくない人」「面倒な人」「付き合いは最低限にすませたい人」などと思われてしまいます。当然そこに真の信頼関係は築けませんね。

⇩非主張的タイプ

特徴

自分を抑えて相手を立てる自己表現をするタイプ

「こんなことを言ったら相手にどう思われるか」が気になるため、できるだけ波風を立てたくない、または「どうせわかってもらえないのでは」という不安もあり、自分の言いたいことを抑えてしまうタイプです。言ったとしても、率直に言えず、うまく伝わらないこともあります。

コミュニケーションのスタイル

・言い損なう
・言い訳がましく言う
・遠回しに言う
・語尾まで言わない
・がまんが重なると爆発することもある

このタイプは、はっきり自分の意見を相手に伝えられないため、「なんで言えなかったのだろう」「なんでうまく伝えられないのだろう」と、自分を責めたり、なかには「なんであの人はわかってくれないんだろう」「あなたのことを思って言わずにいたのに……」などと心の中で相手を責めることもあります。

「怒ることはみっともない、大人気ない」と怒り対してネガティブな思いを持っている人が多いため、このような表現を選んでしまう人も多いようです。

あなたは、怒りの感情を伝える時に、「相手に嫌われるのでは?」「こんなちっぽけなことに怒っていたのかと思われないかな?」「反発されたらどうしよう」などとネガティブな想像を膨らませたことはありませんか?

でも、実際のところ、これらは、あなたの思い込みにすぎないケースも多いものです。
適切な言い方をすれば伝わる、そう信じて向かい合うことも大切なことです。**本当のよい関係とは、何について怒っているのか、何がＯＫで何がＮＧなのか、怒りを伝えられる関係なのです。**

相手が威圧的だから言いたいことが言えない、と言う人もいますが、自分自身の関わり方が相手をさらに威圧的、高圧的にしていることもあります。つまり、はっきり言わないことが「で⁉　何が言いたいの？」と相手をイラッとさせることもあるということです。相手を変えることはできませんが、自分の関わり方、伝え方を変えることで、相手の受けとめ方と反応を変えることは可能です。

さらに、「あの時、ちゃんと言っておけばよかった」という後悔は、心の中で一次感情として溜まっていきます。自分を責め、そして相手に対しても「私がこんな思いをしているのに、なんでわかってくれないんだろう」と責める気持ちに変わっていきます。その結果、身体の痛みや憂うつな気持ちになるなど、自分自身に影響が出てしまうこともあれば、ある日突然、「なんでわかってくれないんですか！」とキレて、相手に怒りをぶちまけてしまうようなことも起きてしまうのです。

例えば、Ａさんは職場で上司に命じられて書類整理したところ、女性の先輩から「どこに何があるかわからなくなるから、勝手に書類整理しないで！」ときつく怒られたそうです。その剣幕に、結局Aさんは上司の命令だと言い出せません。ところが、そこで生まれた「なんであんなふうに言われなければならないの？」という思いがしこりとして残ってしまいます。その思いがふつふつとした怒りに変わり、ことあるごとに先輩を避けるようになってしまいました。ついには「どうせ先輩は私のことが気に食わないんだ」と先輩のことが嫌いになってしまったそうです。

⇩アサーティブ

特徴

お互いの主張や立場を大切にした自己表現をするタイプです。

コミュニケーションのスタイル

自分が感じたこと、思っていることを率直に、正直に、相手や自分も責めることなく、相手や状況に合わせて伝えることができるということです。

そのためにはどのようにしたらいいのか、次の項目でご紹介します。

03 感情をうまく伝えるには

感情的になることと感情を伝えることは違う！

怒りは決して悪いものではなく、人間にとって自然な感情です。ですが、どうしても「怒り」に対して悪いイメージを持っている人は多く、怒りを感じることさえ認めないという人もいます。

でも、それを続け、怒りの裏に潜む一次感情（80頁参照）と向き合わずにいると、今度は感情的な言葉が噴き出すことになります。「なんで〜するの？」「どうして〜しなかったの？」「最低！」「バカじゃないの！」などと、相手を責めたり非難する言葉だったり、不毛な愚痴です。つまり、本来、本当に相手にわかってほしかった感情ではなく、感情的な言葉だけが相手に伝わる結果になるのです。

感情的になることと、感情を伝えることはイコールではありません。自分が感じていることや気持ちに向き合い、本来わかってほしい気持ちを言葉にすることが大切です。

最初は怒りに振り回されてしまうこともあるかもしれませんが、日々意識して取り組めば、必ず伝えられるようにはなります。

自分の感情をつかみ、言葉にできるようになると、怒りをぶつけてくる相手の感情にも目を向けられるようになります。

⇩伝え上手になるためのポイント

①何について怒りを感じたのか、どうしてほしかったのかを把握する

自分が何について怒りを感じたのか、どのような「べき」が裏切られたのか、具体的に把握することが伝え上手になるための第一歩です。

なんだかわからないけどイライラする、腹が立つという人は自分の感情を客観的につかめていないため、どう対処していいかもわからないし、伝えることもできなくなります。さらには溜まった怒りが溢れ、爆発して、いわゆる〝ぶちギレる〟ことになるので注意が必要です。

②「私」を主語にして伝える

「あなたが○○してくれればみんな助かるのよ」「あなたが○○してくれればいいのに」などと「あなた」を主語にした口癖のある人が身の回りにいませんか？　このような人

は、怒りを感じた時、「あなたが○○しないから」と、つい相手を責めるような言い方になっているはずです。冷静に感情を伝えるには、これとは逆に、発信源を「私」にしましょう。「どう感じたのか」「どうしてほしかったのか」を「私」を主語にして（Iメッセージ）伝えることを意識しましょう。

○（私は）約束を守ってもらえなくて、とっても悲しかった。
×（あなたが）約束を守らないからいけないのよ。

○（私は）思っていたよりも評価が低くて戸惑っています。
×なんで（あなたは）こんな評価をつけたんですか。

⇩伝え上手になるために心がけたいこと

さらに、普段から伝え上手になるためにできることを紹介します。

①表現の引き出しを増やす

みなさんは怒りを表現する時、どのような言葉、表現を選んでいますか？

例えば、若手を対象とした研修で質問すると、まず出てくる言葉が「ムカつく！」「ウザい！」「ありえない！」など。それも、バリエーションが少なく同じような表現ばかりを繰り返し使っている人が多いようです。このように、いつも同じ言葉、表現で怒りを伝えていると、相手にはどれだけの怒りなのかが正確に伝わりません。伝わらないから、さらには強度が高くなるという悪循環が生まれます。自分の感情がうまく伝わらなくてイライラし、攻撃的な態度をとったり、暴力をふるったりすることもあります。

特に、激しい怒りを感じた時は、興奮状態になっていつもと比べて気持ちにぴったりと寄り添う言葉が出にくくなります。相手にこちらの感情をしっかりと受け止めてもらえるよう、日頃から言葉の引き出しを増やしておきましょう。

怒りを感じた時やアンガーログ（140頁）をつけた時に「この怒りを言葉で表すとしたら、どういう言葉が適切だろう」と振り返ってみるのもよいでしょう。

②自分の思い込みに固執しない、とらわれない

自分の「べき」に固執し、他の人の「べき」を受け入れる余裕がないと、イライラしやすく、そして攻撃的になりやすくなります。相手には相手の「べき」があるのだということを忘れず、時には「なぜそう思っているのか」と相手の「べき」の背景に耳を傾けるゆと

りを持ちましょう。
例えば、研修などで、ベテラン社員からしばしば「新入社員がなかなか部署にかかってきた電話に出なくてイライラする！」とため息混じりに打ち明けられることがあります。入社した頃には、電話応対は自分達新人の仕事だと教え込まれ、「新人は真っ先に電話に出るべき」だと信じている人からすると、部下達のこういった姿は許しがたい態度だと映るのです。しかし、物心ついた時からそれぞれが自分の携帯電話を持つことが当たり前の世代で、人の電話に触るのはマナー違反だと教えられてきたから出ないだけということも考えられます。

③ネガティブな思い込みを捨てる

「こんなことを言ったら相手はこう思うに違いない」などと、初めから決めつけてかかる人がいます。ですが、あくまでもそれはあなたの主観にすぎません。事実と主観は違います。

「きっと相手は聞いてくれないに違いない」
「きっと反発される」

「大したことないことで怒るなんて、〝小さい〟人間だと思われる」

こんなふうに思い込むと、無意識にその心の中のメッセージが態度や語調に影響し、それを相手が感じとってしまうことがあります。

まずは「真剣に伝えればわかってもらえる」と自分から相手を信頼して、「わかってもらいたい」という思いを素直にぶつけてみましょう。

④相手を打ち負かそうとせず、わかってもらうことをゴールにする

自分が信じている「べき」を相手に守ってもらえなかった時、心の中で「なんで？　ふつう○○するべきだよね？」「私が正しい！」という気持ちで相手と向かい合ったことはありませんか。そうすると、たいていの場合は、自分の正しさを認めさせようとしたり、相手を打ち負かそうとするような言葉が口から飛び出します。

例えば、「これって、社会人として当たり前のことだよね」「なんで○○しないかな？」といった具合にです。

本来の目的はどちらが正しいかをジャッジすることではありませんね。自分が望むのは、自分がなぜ怒りを感じたのか、どうしてほしかったのかを相手にわかってもらうことだと忘れないようにしましょう。

気をつけたい「ものの言い方」

それって本当に
100%事実なの?

- **大げさな表現を使う**

「**いつも**そうだよね」

「**みんな**が言ってるわよ」

「**決して**言うこと聞かないよね」

「**絶対**におかしい!」

「私の言うことを**一度だって**
聞いてくれたことないよね」

「**何もかも**、あなたのせいだ!」

誰がそんなこと
言ったの?

- **主観で決めつける**

「どうせあなた、私のことが嫌いなんでしょ」

「やりたくないからそんなことしてるんでしょ」

- **「なぜ?」で相手を責め続ける**

「なぜでこんなことするの?」

「なぜ連絡くれないんだ!」

「なぜ言わなかったの?」

「なぜ」を3回
繰り返したら相手を
追い詰める!

- **人格否定をする**

「あなたって最低な人ね」

「だらしない人だよね」

「使えない奴だな」

相手をおとしめて
いい結果は出そう?

上手に叱るには 04

なぜ「叱る」ことに苦手意識を持つのか？

企業研修の際、管理職・リーダーの方々から多く相談を受ける内容のひとつに「叱り方」があります。最近、どうも「叱る」ことに対して苦手意識を持つ人が多いようです。

ですが、苦手意識の原因を探ってみると、どうも「叱る」をめぐって、誤解があるようにも感じています。

本来「叱る」ことの目的は、相手の成長を願い、のぞましい行動をしてもらうために意識と行動を変えてもらうことです。当然、相手を叩きのめして再起不能にすることでも、自分のストレスの発散でもありません。しかし、多くの人がそれをわかっていながら、カッとくるとつい怒りの感情に振り回され、本来の目的に合わないような叱り方をしてしまうのです。

「叱れない」という人も多く、その理由を尋ねると、次のような答えが返ってきます。

・適切な叱り方をされた経験がないため、どのように叱っていいかがわからない
・経験がなく、上手に叱る自信がない
・パワハラだと思われたくない
・部下に嫌われたくない、反発されたくない
・相手がメンタルヘルス不調になるのではと不安

こんな気持ちを抱えているため、提出物の期限を守らない部下に対しても「提出物の期限が過ぎていいるけど……。忙しかったのかな？　いつまでだったらできる？」と、相手の様子を伺うような言い方をしてしまいます。そのくせ本来伝えるべき「期限は守ってほしい」「守らない場合、次の仕事を引き継ぐ担当者にも迷惑がかかる」ことは言わないので、相手には次回からどう改善してほしいのかが伝わりません。

では、どのような叱り方が理想的なのでしょうか。

⇩叱り方のポイント

①「何」について叱っているのか論点がぶれないようにする

よく見られるのが、叱っている間に過去のことまで引っ張り出したり、あれもこれもと

付け加え、結局、何について叱っているのかがわからなくなり、本題から話がそれてしまうケースです。

「前にもこんなことあったよね。1ヶ月前も、その前も……。なんで同じことを繰り返すかな」

「○○さんって、期限を守らないだけじゃなくて、報告も忘れる時があるよね、それにいつも机の上は整理されていないし、他にも……」

といった具合です。

特に、何度も同じことを繰り返されたりすると、過去のことについてもついひと言言いたくなることがあるでしょう。しかし、このように論点がぶれてしまうと逆効果です。日頃から「一時に一事」を意識し、的を絞って叱りましょう。

②「どのように」すればいいのか、具体的な表現で伝える（88頁参照）

「ちゃんと報告してね」「社会人らしい服装にして」「しっかりと段取りを組んでね」

あなたは、こんな抽象的な表現を使っていませんか。

自分にとっての「ちゃんと」と相手にとっての「ちゃんと」は必ずしも同じとは限りません。その言葉から抱くイメージが違うまま、つまり、共通認識にならないまま叱っても、相手に思うような行動をしてくれないのです。どのようにしたらいいのか（よかったのか）、具体的に伝えましょう。

例えば、「ちゃんと報告」してもらいたいのであれば、「帰社したらその日のうちに報告をする」「5W2Hはもれなく具体的に伝える」「結論から先に伝え、経過はその後伝える」「事実と主観は分けて伝える」などと、具体的に指示します。

③「なぜ」という理由・目的を理解できるよう伝える

相手に意識と行動を変えてほしいなら「何を、どのように」変えてほしいのかはもちろん、「なぜ、なんのために変えてほしいと願うのか」という、叱っている理由、目的を伝えます。

実際、企業の現場でどれくらいこれが実践されているか尋ねてみると、「そこまでは具体的に伝えていない、考えていなかった」「そこまで言わなくてもわかるだろう」といった声が多いので、ぜひ皆さんも一度普段の自身の言動を振り返ってみてください。さらに、もう少し突っ込んで聞いても、「それが会社の決まりだから」「人として当たり前だから」などと、「当たり前」「規則だから」といった理由を盾に、具体的なメッセージとして伝えていないケースが多いようです。

ですが、実際は、理由や目的を伝えないと自発的に行動に移せないものです。「そこまで言わなくても…」「当たり前でしょう」という気持ちはいったん横に置いて、それができないと組織や自分にとってどのようなデメリットがあるか考えましょう。

④相手を信じて向き合う

叱る相手と向き合う時の〝姿勢や心構え〟も重要なことです。

心の中で「どうせ言っても直るわけがない」「こんなことを言わせるあなたが悪い！」「こちらが言っていることが正しい！」と思ってしまうことはありませんか？ 相手を信じない気持ち、どうせ伝わらないというあきらめの気持ち、相手を責める気持ちなど、こちらが心の中で思っていることは、語調や態度で伝わります。特に「私が正しい！」という気持ちで向き合うと、例え正論だったとしても、相手が素直に耳を傾けてくれない可能性が大です。「改善してくれる」「聴いてくれる」と信じて相手と向き合うことも重要です。

●こんな叱り方はNG!

・アドバイスという名目で説教をする

「私が若い時は◯◯した」

「こういう時は◯◯したほうがいい」

・感情的になる

自分のストレスのはけ口のように、感情的に怒りをぶつける
「本当にイヤになる!　イライラする!!」
と愚痴のように言い続け、怒りをぶつける。

・威圧的に恐怖で動かそうとする

「今度～したら（私の言うことを聞かないと）
どうなるかわかってるのだろうな」

・相手のためではなく、自分の保身のために叱る

「君が失敗すると、オレの評価が下がるだろ!」

「君が失敗すると私の立場がなくなる」

「あなたがそういうことすると私の出世に響く」

・過去を引っ張り出す

「前もこんなことあったよね。そういえば……」

「前から言おうと思っていたけど、この際だから言うね!」


もちろん、人格否定をしたり、「なぜ」で相手を追及するのもNGです!　191頁の「気をつけたいものの言い方」も要チェックです!

05 相手の怒りにどう対処する？

⇩他人の怒りはコントロールできない

アンガーマネジメントをテーマにした研修を担当すると、かなりの頻度で「相手の怒りに対して、どのように対処したらいいのか」と質問や相談を受けます。

たしかに、感情的に怒りをぶつけたり、常にイライラしていて不機嫌な人が近くにいると何かと気になるものです。しかし、だからと言って、**他人の怒りをコントロールすることはできません。**

アンガーマネジメントは、「怒りの感情とうまく付き合うための心理トレーニング」であって、相手の怒りを封じ込めたり、イライラする相手を鎮めるテクニックをお伝えするものではありません。

自分の怒りはもちろん、相手の怒りに振り回されないようにうまく対処できるようになるための心理トレーニングです。

Ｐａｒｔ１（92頁）でもお伝えしましたが、自分がコントロールできないものに対して、「なぜあの人はあんな怒り方をするのか」「なぜクレームの電話がかかってくるのか」

などと考えると余計に自分がイライラし、ストレスがかかるものです。これは自分ではコントロールできない範囲のものだと受けとめ、怒りやストレスを溜めないようにするための対処法を考え、行動に移すことをおすすめしています。

⇩自分自身に怒りをぶつけられた場合

まずは**相手の感情的な言い方に過剰反応しないこと**です。ムッとして「売り言葉に買い言葉」のように感情的に言い返したり、「なんでこんな言い方をされるのだろう……」「私が何かしたんだろうか……」と必要以上に落ち込んだり、溜め込まないことです。

「上司が感情的に叱るのがイヤ」、という相談を受けることがあります。そのような場合は、上司の言った内容が、こちらが改善しなくてはならないような正当なものであれば、「何を、どのようにすればいいのか」についてのみ受け止めましょうとお伝えしています。

また、「なんで、ちゃんと仕上げないんだ！」というように、**抽象的な言い方をされた場合は「恐れ入ります。どのようにすればいいか教えていただけないでしょうか」**と、**落ち着いて確認する**ことも重要です。「何を」「どのようにする」ことを望んでいるのかがわからないと、再度怒らせることになってしまう可能性があるからです。

一方で、例えば「君は使いものにならない」などと、不当な批判が含まれている場合はどうでしょう？　そんな言われ方をしたら誰だって傷つき、落ち込みますね。

そんな場合は、「使いものにならない」というのは、「あくまでもその人の主観にすぎないと聞き流す」という選択もあります。聞き流せないなら、自分がどのように感じ、どうしてほしいかを伝えるという判断をしてもいいでしょう。「直さなければならないところは以後、気をつけます。しかし、使いものにならないとまで言われると傷つきますし、ショックです」というように、どのように感じたかを落ち着いて伝える選択もあります。

この時気をつけたいのが、**相手に勝つことを目的にしない**ことです。あくまでも自分が感じたこと、どうしてほしいかをわかってもらうことが目的だと考えて落ち着いて対応することが、不毛な言い争いを避ける重要なポイントです。

⇩機嫌が悪く、職場の空気を悪くする人がいる場合

この場合は、相手の感情は相手のものであり、自分が影響されないようにしようと考えることと、過剰反応しないことをおすすめします。

情動伝染という言葉がある通り、感情は伝染します。怒りは特にエネルギーが強く、他の感情よりも伝染力があると言われています。誰かの怒りの伝染を受け、自分自身がイライラしないことです（34頁参照）。

このような人と仕事で関わらなくてはいけない場合には、仕事と割り切って普段通りの挨拶を交わし、仕事に必要な報告や依頼事は簡潔にしましょう。声をかける必要がない時は放っておく、または相手がイライラしだしたらその場から離れるなどの選択もあります。

職場の雰囲気が悪くなるので、どうしても本人に言いたいと思うのであれば、それも選択のひとつです。その際は、「あなたのせいで雰囲気が悪くなる」など、相手を責めるような言い方はＮＧです。例えば「○○さん、今日はイライラしているように見えて気になったので声をかけたんだけど、どうした？」というように、率直に感じたことを伝えるという選択もあります。

ただし、相手がどのような反応を示すかはわかりません。素直に耳を傾けてくれるとは限らず、反発されるかもしれません。それも含めて、言うか言わないかの判断は自分が決めたこと、つまり、自己責任だということを忘れずに。

ワイ
ワイ
ワイ
ワイ
Epilogue
しおり 下町の
ヒーローになる!
ガヤ
ガヤ
さっそく異業種交流が始まってる
いい感じね
てやんでぇ何が静かにしろだばかやろう!
こちとら30年この音でやってきてんだ!
家庭科室
え

うるさくて研究に身が入らないんですよ！
なんだと!?
ザクッ
父ちゃんっ！
ちょ ちょっとやめてよ 何をもめてるのよっ
コイツがそば打ちがうるさいって言うんだぞ
え……
そりゃ仕方ないことじゃ
なんとかなりませんか？
がまんしろっ
父ちゃん黙ってて改善します！
出てけっ
お願いしますよ 無理なら出ていきますから
父ちゃん
しおりさん あっちでもケンカしてます
えーっっ
ヒー

はぁぁぁ
疲れたぁ
どうしたの？
学校でトラブルが絶えないんです
みんなわがままばっかり自分のことしか考えない
これがずっと続くんですか……
まぁね
もーやだぁ〜
……
どうだろうせっかくだから一度講演をさせてもらえないかな
え…いいんですか？
もちろん成功してほしいからね
僕は海外に行ってしまうし
え…

それくらいしか
できないから
いっ…いつ戻って
くるんですか？
2年か3年
少なくとも
しばらくは
戻らないよ
今日で
ここのそばも
食べ納めだ
そば処
竹寿庵
経営コンサルタント
梅原健士講演会
今日はお忙しい中
お集まりいただき
ありがとうございます
コンサルタントを
しています
梅原健士です

梅原さんってよくテレビに出てる人だろ
すごい人と知り合いなんだね
コンサルティングのお話をさせていただく前にみなさんアンガーマネジメントってご存知ですか？
「怒り」のマネジメントと言っても怒ってはいけないということではなく
怒りと上手に付き合うことです
最近私の知り合いであるプロジェクトのリーダーになった子がいるんです
けど経験も浅く戸惑うことばかり
メンバーも一癖も二癖もあって
話し出すと止まらない先輩
人の話を聞かない後輩
負けず嫌いの同期

わははは
いるいる!
…
あんたたちの
ことだよ
メンバーとは
売り言葉に買い言葉で
トラブルばかり
それじゃあ
2枚目の企画は…
ライバルの
北南信用金庫も
同じことをやっているよ
ガタ
今日は顔合わせ
ということで
いいでしょ♪
じゃあね
ちょっと
そんなもの
自分でなんとか
しろよ!!
よし!
しかし
アンガー
マネジメントを
知ることで
少しづつ
周りとの調和を
図ることが
できるように
なりました
何も
難しいことを
したわけじゃ
ありません
自分の怒りを
理解し
隣人をわかろうと
しただけ
ザワッ
その結果
チームは一丸となり
この学校の運営に
たどり着きました
え
うちらの
話……

知らない人とコミュニティを作ることはわずらわしいことばかりです
しかしここのコミュニティには夢と希望がたくさん詰まっています
本来では出会うことのない人達が運命の糸に手繰り寄せられて集まっているんです
なのに運命の糸を一時の感情怒りによって手放さないでください
可能性の火を消さないでください
隣がうるさい
生意気!
態度が気に食わない
怒るなと言ってるんじゃありません
正しく伝えてくださいとお願いしているんです

怒りがコントロールできれば
きっとそこに新しい未来が待っているはずです
ははは
それでは本業のコンサルティングについてお話しましょう
今日は花火大会ですからね話が長くなると怒られちゃいますし
まずみなさんが…

父ちゃん
梅原さん
知らない？
さっき
帰ったよ
ええ!?
今日の夜の便で
発つって
言ってたし
そんな……
ちゃんと
お礼言って
ないのに…
しゅん
…
しおり
まだ遠くまで
行ってない
はずだ
早く
行きなさい!
う…
うん
ありがとうっ
タタタ
ワシが
男を追えと
言うとは…
ワイワイ
ザワザワ
梅原さんっ!
しおり
ちゃん

どうして急にいなくなるんですか
お礼もまだ言ってないのに！
お礼を言うのは僕の方だよ
！
君のおかげでアンガーマネジメントがどれだけの人を幸せにできるか再認識できた
梅原さん私……
きっと少し近づけたんじゃないかな
え…

ドーン
君なら
ヒーローに
きっとなれる
君の成長を
楽しみに
しているよ

数ヶ月後──
鶴川信用金庫
若竹さん　またあなたに　融資の　相談だって
はぁい
梅原さん　元気ですか？
近頃　しおりさん　指名が多いね
評判　いいよ
俺だって　最近指名　増えてきたぞ
負けないぞ
アンガー　マネジメントの　おかげで　お客様が絶えません
お待たせしました
梅原さんが　いつ帰ってきても　恥ずかしくないように　勉強の毎日です
夢だった　下町のヒーローになって　帰ってくるの　待っています
お前の場合　ヒロインじゃ　ないのか……？
ハッ
ホントだ　気づかなかった

【著者プロフィール】

戸田 久実（とだ くみ）

アドット・コミュニケーション株式会社代表取締役
一般社団法人日本アンガーマネジメント協会理事
立教大学卒業後、大手企業勤務を経て研修講師に。2008年にアドット・コミュニケーション株式会社を設立。銀行、製薬、総合商社など、大手民間企業、官公庁などで「伝わるコミュニケーション」をテーマに研修や講演を実施。対象は新入社員から管理職、リーダー、女性リーダーなど幅広い。講師歴は25年。年間受講者数は5,000人以上、これまでの指導人数は10万人以上。
おもな著書に、『アンガーマネジメント 怒らない伝え方』『アドラー流たった1分で伝わる言い方』『ゼロから教えて接客・接遇』（いずれもかんき出版）がある。

・アドット・コミュニケーション株式会社 HP
http://www.adot-com.co.jp

・戸田 久実 Blog
http://ameblo.jp/kumiadot

日本アンガーマネジメント協会

ニューヨークに本部を置く世界最大組織であるアンガーマネジメントの国際団体「ナショナルアンガーマネジメント協会（NAMA）」の日本支部として2011年に創立。「怒りの連鎖を断ち切ろう」の理念のもと、アンガーマネジメントの考え方や技術を広めるための様々な活動を展開する。怒りの感情の専門家としてアンガーマネジメントを広め、アンガーマネジメントの講座を開催することができるアンガーマネジメントファシリテーター養成講座、子ども向けにアンガーマネジメントの講座を開催できるキッズインストラクターの養成講座も開催している。

・一般社団法人日本アンガーマネジメント協会 HP
https://www.angermanagement.co.jp

編集協力／MICHE Company. LLC
シナリオ制作／葛城 かえで
作画・カバーイラスト／柾 朱鷺

マンガでやさしくわかる
アンガーマネジメント

2016年6月10日　初版第1刷発行
2024年6月15日　第16刷発行

著　者――戸田 久実

発行者――張 士洛
発行所――日本能率協会マネジメントセンター
〒103-6009 東京都中央区日本橋2-7-1 東京日本橋タワー
TEL 03（6362）4339（編集）／03（6362）4558（販売）
FAX 03（3272）8127（編集・販売）
https://www.jmam.co.jp/

装丁／本文デザインDTP――ホリウチミホ（ニクスインク）
印刷・製本――三松堂株式会社

ISBN 978-4-8207-1947-2 C0030